心理辅导与大学生心理素质提升

阳　帆　著

中国建材工业出版社
北　京

图书在版编目（CIP）数据

心理辅导与大学生心理素质提升/阳帆著. --北京：中国建材工业出版社，2024.8. --ISBN 978-7-5160-4270-0

Ⅰ. G444

中国国家版本馆 CIP 数据核字第 20245CG930 号

心理辅导与大学生心理素质提升

XINLI FUDAO YU DAXUESHENG XINLI SUZHI TISHENG

阳　帆　著

出版发行：中国建材工业出版社

地　　址：北京市西城区白纸坊东街 2 号院 6 号楼

邮　　编：100054

经　　销：全国各地新华书店

印　　刷：北京印刷集团有限责任公司

开　　本：710mm×1000mm　1/16

印　　张：11.5

字　　数：154 千字

版　　次：2024 年 8 月第 1 版

印　　次：2024 年 8 月第 1 次

定　　价：59.80 元

本社网址：www.jccbs.com，微信公众号：zgjskjcbs

请选用正版图书，采购、销售盗版图书属违法行为

前　言

党的二十大报告指出：要重视心理健康和精神卫生。2023 年 4 月，教育部等十七部门联合印发的《全面加强和改进新时代学生心理健康工作专项行动计划(2023—2025 年)》中，明确要求培育学生热爱生活、珍视生命、自尊自信、理性平和、乐观向上的心理品质和不懈奋斗、荣辱不惊、百折不挠的意志品质，促进学生思想道德素质、科学文化素质和身心健康素质协调发展，培养担当民族复兴大任的时代新人。心理健康教育是提高大学生心理素质、促进其身心健康和谐发展的教育，是高校人才培养教育内容的重要组成部分，也是高校思想政治工作的重要内容。人的灵魂是思想，而思想的基础是心理。不断提升心理素质是保证当代大学生健康成长成才的重要方面。

大学教育的目标是培养全面发展、具有较高综合素质的社会合格人才。心理素质既是个体综合素质的重要组成部分，也是其他素质形成和发展的重要基础。高校开展心理健康教育，对大学生进行心理健康辅导，可以促进他们更好发展。基于此，特撰写了《心理辅导与大学生心理素质提升》一书，本书共五章，内容包括大学生心理健康教育综述、大学生个体与团体心理辅导、大学生心理健康教育中的就业辅导与生命教育辅导、大学生心理素质教育模式研究、提升大学生心理素质的教育活动研究，全面阐述大学生心理健康教育辅导的实用途径。

因作者水平有限，书中难免有疏漏与不当之处，敬请有关专家、学者和广大读者批评指正。

目录

第一章 大学生心理健康教育综述

第一节 大学生心理健康教育的理论基础

一、健康与心理健康

(一)健康

健康不仅是人类生活和进步的核心因素,同时也是人们持续关注的议题。随着社会的持续发展,人们对于健康的看法也在逐渐转变,变得更为深入和全面。早期健康的定义是:人的各个器官系统都发展得很好、功能正常、身体健壮、精力旺盛,并且具有很好的劳动效能。通常,我们可以通过对人体的测量、体格检查以及多种生理参数来进行评估。然而,随着科学和文化的进步以及观念的深化,人们在追求物质生活的满足度时,也开始对精神层面提出了更为明确和高级的期望。人们逐渐认识到,许多生理疾病的发生都与心理因素紧密相关,心理健康问题已经变成了社会的一种普遍现象,开始出现"亚健康""灰色状态"等健康问题。

新的健康观点强调,人是生理、心理和社会三个层面的综合体,人不只是一个单一的生物实体,更是一个具有复杂心理活动和在特定社会环境中生活的完整个体。健康反映了多个方面的状态,涵盖了生理、心理和社会适应等多个维度的内容。世界卫生组织(WHO)强调,健康不仅仅是身体上的疾病或身体上的虚弱,而是在生理、心理和社会适应上都达到了一个完美的境界。此外,还进一步阐述了健康的新定义:第一点是拥有旺盛的活力,可以轻松地应对日常的工作和生活任务,而不会感到疲惫或紧张;第二点是持有积极乐观的态度,有勇气负起责任,并且视野宽广;第三点是充满活力，情绪平稳，擅长休息，并且睡眠质量很好；第四点是具有出色的自我管理能力，并擅长消除外界干扰；第五点是具有出色的适应能力，可以轻松应对外部环境的各种波动；第六点是体重适中，身体比例均衡；第七点是确保牙齿保持清洁，没有任何空洞、疼痛或出血的迹象；第八点是头发表面有光泽，并且没有头屑；第九点是反应非常敏感，眼睛明亮，眼皮没有发炎的迹象；第十点是肌肉和皮肤都具有很好的弹性，行走时也显得轻松自如。健康可以被视为生理与心理健康的融合，它们之间有着紧密的联系，并相互补充，共同推动健康的进步。如果其中任何一方出现问题，都可能对另一方造成不利影响，进而对整体健康产生负面效果。当一个人的身体出现问题时，他的心理状态也会受到不利的影响，可能会出现情感低落、情绪压抑、易怒等症状，这些都可能导致心理上的不适；同理，那些长时间处于抑郁状态、承受着沉重的精神压力和持续的焦虑的人，也更容易患上身体相关的疾病，这对他们的身体健康产生不良影响。因此，一个健康的身体和一个健全的心理是紧密相连、互相推动的整体。

（二）心理健康

心理健康描述的是一个人在其成长与发展的旅程中，展现出的合理认知、稳定的情绪、恰当的行为、和谐的人际关系以及对变化的适应性的完整状态。在经济和社会发展中，心理健康被视为一个关键的公共健康和社会议题。

1. 心理健康的意义

心理健康的意义主要表现在以下两个方面：

(1)心理健康是健康的保障。一个人的健康实际上是生理健康与心理健康的融合。身体的健康构成了健康的根基，而精神的健康则确保了身体的健康。

(2)心理健康是适应社会的前提。社会环境充满了变数和复杂性，那些心理状态不佳的人在应对这种错综复杂的社会背景时往往显得不够冷静。心理健康的人能够对生活中的各种问题和困境保持清晰地认识，拥有超越现实的理想，但又不会沉溺于幻想之中。他们能够积极地面对生活中的各种问题和困难，并努力去解决而不是回避它们，从而更好地适应社会的发展和变化。在学习和工作中，他们会感到满足，能够充分发挥自己的智慧和才能，体验到工作、学习、生活的乐趣和幸福感。

2.心理健康的标准

传统的观点是，健康意味着身体没有疾病，因此，人们通常会重视身体的锻炼和保养，但往往忽视了心理的保健。但是，伴随着科学和文化的不断进步以及社会的持续发展，人们对于健康的认识也变得更为深刻。心理健康不只是一种无精神疾病或障碍的状态，它更可以被看作是一种充满幸福感和内部和谐的状态。在这样的环境中，个体具备明确的自我认知能力，能够高效地进行工作和学习活动，保持正常的社交互动，并有能力进行充分的娱乐和放松。所以，从更广泛的角度看，心理健康意味着一个人拥有一个持久、高效且令人满意的心理状态，在这样的状态中，生命变得充满活力，潜力被充分挖掘，价值得到体现。从狭隘的角度看，心理健康涉及个体在认知、情感和行为上的和谐统一，并能够适应其所处的环境。由此产生的心理健康评估标准涵盖了：(1)个体是否拥有足够的安全感来满足自己的需求；(2)是否能够深入理解并公正地评估自己；(3)我们是否可以根据实际情况来制订计划，并朝着我们的理想目标迈进；(4)是否能够维持一个健康的社交联系；(5)在日常生活和外界环境的作用下，是否能够维持自己的人格特质；(6)是否可以从身边的环境以及自己的经验中持续吸取教训；(7)在各种不同的环境中，是否能够保持一定程度的情感稳定性；(8)在特定的环境背景下，是否能够恰当地展现自己的独特性格；(9)在所处的环境中，是否能够规范个人的行为并满足其个人需求。这同样有可能作为心理健康状况发展的方向性指导。

关于具体的心理健康的评估指标，包括以下八个方面：

(1)关于自我，能够了解自我并满足自我需求。对自己的价值进行客观和实际地评价，并能够展现出自己的价值，这是心理健康的一个关键指标。一个心理健康的人应该能够客观地了解自己的性格和情绪，并对自己的能力进行准确地评估。这样，他们可以对自己设定合理的期望，设定可以实现的目标，并在追求理想的过程中制订合适的计划，而不是与实际情况脱节；此外，我们应该在自己的基础上挖掘更多的潜能，追求更高的目标，并在任何未来的旅程中都能坦然面对和接受。

(2)关于人际交往，能够与周遭的人、事、物有良好的互动。当我们接受自己时，是否能够接纳他人成为衡量心理健康的关键标准。在确认自己的价值的同时，我们也需要对他人的价值观给予认可，能够理解并接纳他们，与他们互动时能够维持和谐的关系，能够融入团队并享受集体的快乐，同时也能在独自一人时享受自己的时光。不管是在与他人的互动中，还是在团体环境里，更多地用积极的心态去面对他人，减少负面情绪的出现，都有助于更有效地融入团队，从而获得更多的安全感和适应能力。

(3)关于生活与工作。生活与工作构成了人们生活的核心部分，保持一个积极乐观的生活态度，并在生活中体验到美好和快乐，是对生活的热情和热爱的体现；在职业生涯中，以实现既定目标为标准并从中获得成就感，是对工作的热情体现。对工作和生活的深厚情感可以帮助人们积累智慧和技能，使他们在未来的生活和工作中更有效地应对问题，增强生活的满足感，并提高工作效率。

(4)关于现实中发生问题的对待方式。在实际生活中，事情并不总是按计划进行，当遭遇不符合预期的实际情况时，我们需要有正确的认识。首先要正视事实；接下来，我们需要面对现实，并在适应后实施有利的策略来对其进行调整，确保其在合适的环境中生存。心理健康有助于人们在面对实际情况时能够持有一个客观的看法；在与现实世界接触的过程中，能够基于客观事实来设定理想，并妥当地应对在追求理想途中可能遇到的各种挑战。

(5)对情绪的控制和心态的保持。控制情绪并不是说完全没有消极情绪，而是指在出现消极情绪时，能够迅速地走出阴霾，重新找回快乐和满足。在面对欢乐和悲伤的时刻，保持稳定的心态是至关重要的，这样可以在一定的范围内表达自己的情感，当快乐时不会忘记原因，而在悲伤时不会深陷其中。在社交活动中，你应该以和平的心态与他人互动，尊重与你交往的每一个人,并在特定的社交环境和准则中追求个人利益的满足。

(6)完整和谐的人格。一个人的性格、气质、兴趣和信仰等多个维度共同构成了人格结构,而这些人格结构之间的和谐统一正是心理健康状况的体现。心理健康的个体在多个方面都能和谐相处。此外,在思考问题时,人们会综合考虑各种因素,避免极端,灵活处理人际关系,既不固定交往模式,也不极端应对,这样可以与他人建立适度、合理的关系,并顺利地融入集体。

(7)拥有正常的智力水平。一个人的智力水平不仅影响其工作、生活和学习的顺利进行,还是评估其心理健康状况的关键因素之一。

(8)年龄与心理成熟度是否相符。人们在不同的成长阶段会展现出各种心理和行为特点,大多数人在相同的年龄段都有类似的行为模式。如果这些心理和行为特点与他们的实际年龄相吻合,那么心理健康状况就不再是一个需要担忧的问题。

上述列出的心理健康评估标准和指标可以用来衡量一个人的心理健康状况。这些标准大致可以分为三个层次:首先,常态心理,表现为心情愉快、适应能力强、擅长与人交往、能够很好地完成与同龄人发展水平相匹配的活动和任务,以及具有调节情绪的能力;其次,轻微的心理失衡,经常出现心理上的不适,与他人的交往稍显困难,日常生活的自理能力也相对较弱;最后,严重的心理病态,这表现为极度的适应能力失调,无法保持正常的生活和工作状态,如果不及时接受治疗,有可能进一步恶化为心理障碍,甚至可能导致心理疾病的发生。

3.心理健康的维护与促进

人类是身心紧密相连的整体,只有确保心理健康得到良好地维护和推动,我们才能实现健康的持续进步。将焦点集中在教育上,对个体的思维、情感、决心、态度、认知模式、信仰和理想等多方面的心理活动施加影响和指导,对于个体的成长和成功具有极其关键的作用。一个人的全方位成长应当建立在生理与心理健康、和谐发展的基石之上。心理健康教育,作为维护和促进心理健康的核心策略,对于提高人们的心理品质和预防心理疾病，其关键性和紧迫性都是不容置疑的。

显然，由于关注焦点的差异，心理健康教育主要关注两个独立的领域。培养心理素质是一个重要的方面，这是基于积极心理学提倡的，用积极的态度去理解人的心理现象，用欣赏的眼光去看待人的动机、思想、情绪，甚至是障碍，从而激发个体固有的一些实际或潜在的积极品质和积极力量，并利用这些品质和力量来帮助解决人的问题，使人能够最大限度地挖掘自己的潜能，发展稳定地适应社会需求的心理素质，从而获得理想的生活。从另一个角度看，心理疾病的预防和治疗是至关重要的。这涉及普及心理健康的基本知识，学习如何进行心理调整，增强对挫败和痛苦的容忍度，深入了解预防和治疗心理疾病的策略和方法，以及治疗心理疾病的基本理论和原则，从而培养正确的心理健康观点，加强心理健康意识，并提高维护心理健康的能力。

尽管上面提到的两个方面在关注焦点和重点上有所不同，但它们在实质上是相互补充和共同推动的。培育良好的心理品质不仅可以帮助预防和治疗心理疾病，而且预防和治疗心理疾病也是确保心理素质持续提升的关键。因此，心理健康教育实质上是心理素质培养与心理疾病预防和治疗的有机融合。

伴随着社会经济的快速增长，工业化、现代化和社会化的融合程度持续上升，社会的竞争也变得更为尖锐。身为社会人口的关键部分，居住和学习在高等教育机构的大学生也面临着许多可能导致心理健康问题的挑战。例如，如何适应新的生活和环境，面对理想与实际之间的差距，如何选择和适应专业，如何选择职业和思考未来的发展，以及如何处理宿舍、同学和师生之间的人际关系等多个议题。当前，如何指导大学生以一个积极和合理的心态来适应各种环境，促进身心健康，预防心理和精神疾病的发生，从而更好地挖掘和实现他们的潜能，创造一个属于他们自己的美好人生，成为大学生心理健康教育工作需要深入思考的重要议题。在这个教育过程中，寻找更有益的教育理念和更有效的教育方法变得越来越重要和必要。

二、大学生心理健康的影响因素

大学生的心理健康状况是多种内部和外部因素长时间累积的产物，因此，我们需要深入研究在大学生的成长旅程中，哪些因素可能对其心理健康产生影响。

(一)生物因素

遗传构成了个体心理成长的生物学根基。如果缺乏这样的基础或在遗传方面存在重大缺陷，都可能对个体的心理发展产生无法修复或极度严重的负面影响。遗传因素在学生的心理健康方面起着至关重要的作用。学生的某些心理健康问题与特定的遗传因素存在明显的关联，其中一些心理疾病表现出强烈的家族遗传倾向。

神经系统中的生物化学成分是对心理健康产生重大影响的关键要素。如果精神病患者的大脑、血液或尿液中含有某些化学成分，这些成分可能会进入到健康的人体内；这会导致相应的心理症状出现。不同种类的神经递质会对个体的精神状况和精神疾病产生各异的影响，例如，过多的肾上腺素能被转化为一种能引发幻觉的物质，从而干扰神经信号的正常传递，导致狂躁型精神病的症状出现；某些精神分裂症的症状与多巴胺的过量摄入是相关的。另外，如果母亲在怀孕期间的营养状况、情感状态和身体健康都不是很理想，或者分娩过程出现异常，或者有一些生理疾病、外伤、中毒、微量元素缺乏和神经内分泌系统的异常等生理因素，这些都有可能对其子女的健康产生负面影响。

(二)家庭因素

一个人在早期的经历对其整个生命中的心理健康起到了至关重要的作用，而在这个早期阶段，他们的主要生活背景是家庭环境。家庭构成、生活环境、父母的教育方法以及家庭的经济条件等因素，都对子女的心理成长和心理健康状况产生了显著的影响。

1. 家庭结构与生活氛围

一个家庭的构成对学生的精神健康起到了关键作用，一个和谐的家庭环境对孩子的心理成长产生了积极的效果。父母为子女提供的和谐且具有区别性的教育方式,可以实现双方的互补和合作。学生的心理健康在很大程度上受到家庭生活氛围的直接作用。当家庭中的每一个成员都展现出相互的尊重、关心、真诚、宽容和理解时,这会在家庭中营造出一个和谐、温馨的人际交往和一个轻松、积极、快乐的生活环境。这种环境对于维持个体的情绪稳定、塑造良好的性格以及促进其心理健康都是非常有益的。相对地说,如果家庭成员间存在冷淡、怀疑、频繁的争吵和对立,这可能会使人感到不安全,进而产生焦虑和抑郁情绪,这对他们的心理健康是不利的。

2.父母对子女的教养方式

通常情况下,父母在教育子女时主要采取的方式包括:专制、溺爱和民主。在过度的教育模式中,孩子们的观点和期望往往得不到充分的表达,他们很少受到应有的尊重和关心,这可能导致他们形成害怕、安全感不足、自信缺失等性格特点,这将大大限制他们的心理成长,并对他们在社会中的适应能力产生不良影响。在过度溺爱的教育模式下,孩子们往往得不到足够的关心和保护,无法得到适当的身体锻炼,也不能负起他们应尽的责任。同时,盲目地迁就可能会导致他们变得任性、自私和嫉妒,他们的自理能力较弱,缺少应对突发情况的能力和正确的自我认知,这使得他们在社会和学校的人际关系中难以适应。在遵循民主原则的教育模式中,孩子们不仅能获得应有的尊重和保障,还能接受高质量的教育。家长在孩子的成长过程中扮演着关键的指导角色,他们不仅满足孩子的合理需求,还会对孩子的不当行为和言论提供及时的劝导、教育和支持。通过这样的教育方式,孩子们会学会关心他人、尊重他人和与他人相处,从而培养出一个积极、乐观和乐观的性格,更好地适应社会和学校的生活环境。

综合考虑,民主式的教育方法对子女的心理健康有益,而专制和溺爱的教育方式则对学生的心理健康不利。

(三)学校因素

在大学生的发展旅程中，学校的教育方式对他们的心理成长和整体心理健康起到了不可忽视的作用。从学校教育的核心理念、组织模式、教学内容和方法，到教师的教学态度、管理策略、对学生的期望，再到学生的学习压力、人际交往和学校文化等方面，这些都可能对学生的心理健康产生深远的影响，具体来说有以下三方面因素：

(1)教师的管理方式、期待的影响。教师的管理方式，与家庭的教育方法相似，可以被分类为民主式、专制式和放任式。很明显，民主式的管理方法对学生的心理健康最为有益，而专制式和放任式的管理方法都不利于学生的心理健康。教师对于学生的看法和期望，同样会对他们的心理健康带来积极的影响。当教师对学生抱有积极和正面的期望时，学生即便没有明确地用语言表达，也能在不自觉中感知到这些信息，并逐渐朝着教师所期望的方向健康成长。

(2)学习压力的影响。适度的压力可以让学生感受到适度的紧张感，这有助于他们更好地集中精力，激发他们的学习热情，从而更有利于他们的学习进程。然而，过度的压力可能导致学生产生焦虑和不安的情绪，长时间保持这种状态可能会触发心理健康问题。

(3)学校中人际关系的影响。在学校环境中，人与人之间的关系对学生的心理健康起到了关键作用，这是因为没有人能够完全独立于他人生活，每个人都需要有一种归属和社交的感觉。学生的心理健康受到人际关系好坏的直接影响，或者说，人际关系本身就是衡量心理健康的一个重要指标。当一个学生在班级中建立起和谐的师生和同学关系，并得到他人的认可、尊重、关心和平等的待遇时，他会感到一种安全的感觉，这对他的心理健康成长是非常有益的。除此之外，学校的风气、管理体制、教学方式以及奖罚制度等多个方面都对学生的心理健康产生影响。

(四)社会因素

人们总是处于特定的社会背景中，如社会文化、政治和经济状况、社区氛围、社会风尚、传统习俗以及重大社会事件等，都可能对大学生的心理健康造成一定的影响。这主要在就业难题和互联网问题这两个领域得到体现。

1. 就业问题

职业在人的一生中占据着至关重要的位置，它直接影响到一个人的经济收入、生活品质、在社会中的地位、个人价值以及生活是否得到满足。一个人在职业生涯中能否取得成功，主要取决于他是否能在自己选择的职业中不断成长和实现个人价值，同时也能享受到他所选择的生活模式。因此，对大学生来说，找工作的问题显得尤为关键。

目前，我国的大学生就业分配制度经历了显著的变革，从过去的“统一分配、统一分配”的模式，转变为“供需对接、双向选择、自主选择职业”的模式。受到国家多项经济政策调整的影响，大学生面临的就业压力日益增大。在这样的背景下，许多大学生未能改变他们的职业选择观念，降低对未来职业的期望，对自己的性格、能力和兴趣缺乏深入地了解，同时也缺少求职经验和面试技巧，这无疑增加了他们在求职过程中的困难和挫败。

2. 网络问题

互联网与其他的科技领域一样，不仅为大学生提供了拓宽视野和创造机会的机会，但同时也对他们的心理健康带来了一系列不可忽视的负面效应。

(1)互联网对大学生的人际交往有重大影响。网络上的人与人之间的互动并不是面对面的直接交流，而是一种符号化的间接互动。当大学生们在网络上进行交流时，他们会体验到更为轻松和自由的感觉。在这种虚拟的社交背景下，大学生们无需担忧或隐藏自己的不足，他们可以利用互联网创造新的自我形象，展示真实的自我，并满足那些在现实生活中难以达到的期望。然而，这种人际交往模式在物理层面上造成了彼此的孤立和隔离，缺少了实际交往中固有的丰富的人情表达和紧密的人伦联系，这导致了人际关系的数字化、非伦理化和非人性化，从而降低了人际关系的能力。这导致了部分学生在离开互联网后，进入真实的社会环境，并在面对真实的人际关系时遭遇了交往上的困难。

(2)网络也会给大学生的人格发展带来影响。互联网上的信息质量参差不齐,这不仅为大学生提供了更新的观点和信息,有助于他们培养开放的思维方式,同时也对正在形成世界观、人生观和价值观的大学生产生了深远的影响,进一步加强了他们对自己民族文化传统和价值观的认同、信赖和自豪感。

(五)自身因素

生物属性、家庭背景、学校环境以及社会背景对大学生的心理健康产生的影响与他们固有的心理品质紧密相关。对于不同的大学生来说,相同的生活事件会带来不同的评估和看法,它们的含义和后果也各不相同,这导致它们对大学生的心理健康产生的影响也各不相同。

在众多大学生的心理特质中,个性特质显得尤为关键。那些具有开朗、乐观、自信、果断、坚强和独立性格的大学生,在遭遇各种得失、冲突、选择、困境和挫败时,能够冷静应对,持有正确的观点和评估,并努力克服这些困难,从而降低或消除应激源对他们心理健康的负面影响。相对地说,那些感到自卑、畏缩、孤立、悲观、焦虑和依赖的大学生,在遭遇困境和打击时,往往会展现出错误的看法和评估,这可能导致他们感到困惑,甚至产生失望的情绪。

第二节　大学生心理健康教育的主要内容

一、大学生心理健康教育中的心理素质培养

人的各种素质构成了一个完整的系统,其中生理、心理、思想道德和科学文化素质相互补充,共同发挥着整合的功能。在其中,心理素质构成了人的其他各种素质的根基和保证。如果没有健全的心理状态和出色的心理素质,其他各种素质也是无法得到有效培养的。

(一)心理素质对人才成长的重要意义

健全的心理状态构成了大学生全面素质发展和提升的关键基础。具体表现在:

1.良好的心理素质是实现成长目标的基础

人的心理素质对其产生的影响,主要表现在心理活动的目标选择上,以及个体对于人、事、物的不同态度、体验和行为方向。一个人的成长路径、信仰目标和行为选择都会受到其心理品质的深刻影响和调整,这进一步决定了他或她的成长轨迹。

2.良好的心理素质是人才成长的动力

我国经济和社会发展的需求构成了大学生成长和成才的基础驱动力。只有当大学生真正认识到这种核心驱动力,并将其与自己的内在情感相结合,他们才能培养出强烈的社会责任和对时代的使命感。这种动力不仅能激发他们的潜能,还能增强他们的求知欲、热情和进取心,从而为他们的成长和成功注入活力和热情。

3.良好的心理素质是人才成就事业的保证

人才的发展和事业的成功是智力和非智力因素和谐发展的结果;无论哪个领域的进步受到限制,都会妨碍人才的健全发展,并对职业成功产生影响。重视心理素质的培养不仅是当前时代和未来职业发展的必要条件,也是确保大学生能够成功发展和实现职业目标的重要保障。

(二)大学生应具备的心理素质

按照社会发展的要求和个体发展的规律,当代大学生应具备的心理素质主要包括:

1.兴趣素质

兴趣可以被定义为个体在追求和了解某一事物时的心理倾向,这种倾向在心理活动中为能量的注入提供了初始的方向和驱动力。大学生出色的兴趣特质主要体现在:(1)他们对学习的强烈热情和对知识的渴望;(2)对于新的事物和知识,他展现出了浓厚的好奇心和探索欲望;(3)对于周围的人或事,他们很容易产生浓厚的兴趣,并且这种兴趣是相对稳定的;(4)兴趣具有很高的实用性,能够以积极、有序和高效地方式规划生活和学习中的各种兴趣领域。

2.动机素质

动机描述的是一个人在发起并保持某一活动向某一特定目标前进时的心理趋势,它是驱使人们行动的核心动力。大学生的良好动机特质主要体现在:(1)他们具有与社会和时代需求相一致的正确动机倾向;(2)具备相当强烈的驱动力;(3)具有较长时间的动机稳定性;(4)能够调和各种动机之间的矛盾,并保持主导动机的主导地位。

3.情绪情感素质

情感和情绪反映了一个人对于外部事物是否能满足其需求的态度和体验。大学生出色的情绪和情感品质主要体现在:(1)他们的情绪反应与外部环境的刺激是和谐的;(2)情感具有很高的稳定性;(3)具有很强的情绪调节能力;(4)情感的倾向与社会的进步和发展是一致的。

4.意志素质

意志可以被定义为一个个体主动地设定目标,控制和调整自己的行为,战胜挑战,并最终实现既定目标的精神活动。大学生出色的意志力主要体现在:(1)他们在学习和日常生活中有清晰的目标设定;(2)主要的能量和行动可以为预定的目标提供支持;(3)当遭遇困境时,可以积极地进行调整和管理。

5.自我意识

自我意识描述的是一个人对于自己以及自己与外部世界之间关系的理解。大学生出色的自我认知主要体现在:(1)他们对自己的了解是全面的、客观的和深入的;(2)拥有相当理想的自我接纳能力;(3)具备相当高的自我管理和控制能力;(4)具有相当高的个人成长和发展需求。

6.人际关系

人际关系描述的是一个人在社交活动中与他人直接或间接建立的联系和纽带。在大学生群体中,良好的人际互动主要体现在:(1)具有广泛的人际交往领域;(2)在人与人之间的交往中,主动性显得尤为突出;(3)

在人与人之间的互动中，我们始终坚持真诚、平等和互相尊重的准则；(4)在人与人之间的互动中，可以感受到深厚的亲近、和谐、和谐和归属的情感。

7. 社会适应

社会适应是指个体与社会之间的和谐意识和技能。大学生在社会适应方面的良好表现主要体现在：(1)能够准确地理解自我需求与社会期望之间的相互关系；(2)具备完成社会角色所赋予的职责和任务的能力；(3)有能力较为准确地预见和掌握当前形势的发展趋势；(4)具备出色的应对突发情况的能力。

8. 竞争意识

在社会集体活动中，竞争不仅是一种自然产生的社会心理反应，也构成了人与人之间互动的基础模式。大学生展现出的出色竞争意识主要体现在：(1)他们具备强烈的竞争精神，并勇于参与竞争；(2)拥有出色的市场竞争力；(3)能够妥善平衡竞争与合作之间的矛盾与统一；(4)在激烈的竞争环境中，采取了适当的策略。

9. 创新意识

创新指的是人们基于已有的知识，对各种理论、方法和技术进行创新性的思考和实践能力。华罗庚教授，一位杰出的数学家，曾经指出："如果一个人缺乏创新精神，不去寻找新的发展路径，仅仅是跟随他人的步伐，他也可能会落后于他人；要想超越他人，必须具备创新精神。"在推进具有中国特色的社会主义建设过程中，我们并没有像前辈那样的路径可以选择。只有持续地进行创新和探索，我们的事业才能稳步前行。为了完成这一重大的历史任务，现代大学生必须拥有出色的创新和开拓意识。大学生出色的创新思维主要体现在以下四个方面：(1)思维宽广，思维敏捷，并且能够尊重并有效地运用来自各方的正确观点和建议；(2)不受他人评价的影响；(3)思维敏捷，并对各种事物持有独特的观点；(4)即使遭遇失败，也不应畏惧。

(三)大学生心理素质培养措施

心理品质的培育和提升，在很大程度上受到后天因素的影响。当大学生步入高等教育的时期，高等教育机构采取的心理素质教育手段和策略将对他们的心理素质成长的速率、走向和质量产生直接的影响。高等教育机构肩负着提升现代大学生的心理承受能力的关键职责。在执行心理素质教育时，高等教育机构应确保大学生的心理素质培养与新时代社会对人才的需求紧密相连，并与现代大学生的心理发展特点和规律相结合。我们应以学生为中心，遵循系统化的原则，为大学生从入学到毕业的每一个学习阶段制定心理素质教育和培养的核心内容和实施策略，并将其整合为一个完整的心理素质目标体系，以促进大学生心理素质的持续发展和提升。

1. 健全机构，强化保障

自从探索了新时代德育的新模式和新路径后，大部分高等教育机构已经认识到“心育”的核心价值。然而，心理教育的专业机构在硬件和软件建设上仍然存在明显的不足或被忽视的情况。这些问题，如设备和设施的匮乏、教师队伍的不足和资金保障的缺失，都直接限制了高等教育机构在学生心理健康教育、辅导和心理素质培养方面的有效性。仅当我们进一步加强机构的完善和保障措施时，我们才能系统地、有计划地进行心理健康教育的相关活动，确保学生的心理素质得到有效地培育和提升。

2. 多形式、多渠道开展心理健康教育

仅仅依赖单一的教育方式是无法全面提升心理素质的，必须通过多种形式和多个渠道的综合教育来实现这一目标，这样才能有效地提升教育成效并达成预定的培养目的。首先，我们需要将“大学生心理健康”这门课纳入公共必修课程中，通过系统化和规范化的教学方法，使学生能够全面掌握心理健康的相关知识，并了解到有效的心理保健手段，从而有助于提升和优化他们的心理素质；其次，我们应该通过网络、公告板、广播、班级会议、沙龙等多种方式来推广心理健康的知识，普及心理健康的观念，并活跃“心育”的文化环境。

二、大学生心理健康教育中的心理疾病防治

在大学生的整个生命旅程中，青春时期代表着他们的心理特质和社会角色的巨大转变。这一时期的大学生将面临自我定位的挑战、人格的融合、角色所带来的压力等一系列的心理挑战。他们的内心矛盾和冲突往往非常尖锐，容易出现各种心理问题，如心理障碍和心理疾病。在大学生的心理健康教育过程中，心理疾病的预防和治疗是为了更好地培养和优化心理素质的关键环节。

(一)大学生常见心理冲突

在成长和适应的旅程中，心理上的矛盾和冲突往往是导致心理不平衡和心理疾病出现的主要原因。对大学生经常出现的心理矛盾进行分析，是预防和治疗心理疾病的关键步骤。

1. 理想与现实的冲突

理想和现实之间往往存在一定的差距。大学生可能会意识到，他们努力学习的大学成绩并不如他们所期望的那样，或者他们所学的专业与他们未来的职业目标不一致，或者他们希望成为“帅才”或“奇才”，但在实际生活中却找不到合适的路径，这些都可能导致理想和现实之间的矛盾。

2. 独立与依赖的冲突

随着大学生的自我认知逐渐加深，他们对独立思考的渴望也越来越强烈，希望能够摆脱父母和教师的束缚，自主决策。然而，由于缺少稳固的经济基础和独立生活的经验与技能，人们不得不依赖他人，这导致了独立与依赖之间的矛盾。

3. 自尊与自卑的冲突

由于高考的竞争异常激烈，进入大学的学生成为年轻一代中的翘楚，他们受到了广泛的赞誉和羡慕，并展现出强烈的自我优越感。然而，在大学环境中，学习和评价的方式已经发生了一定程度的变化。曾经表现出色的学生在大学中的优势可能不再明显，这导致了自我怀疑和自我否定的出现，使得自我评价在自尊和自卑之间摇摆不定。

4. 乐群与孤独的冲突

在大学的集体生活中,大学生渴望结交新朋友,与他人建立和谐的关系,得到他人的喜爱和认同。一个更为常见的现象是,尽管大学生与许多同学有过接触,但真正能建立深厚友情的人却寥寥无几,他们在远离家人的学校环境中,经常感受到生活在喧嚣中的孤寂。

(二)大学生心理疾病防治的主要手段

1. 加强知识普及中针对性问题的辅导

在系统性地教授心理知识和维护心理健康的方法的同时,通过对心理普查数据的分析和判断,有针对性地为部分学生提供专题、专项和专门的心理辅导。对于刚刚出现或已经显现的轻度心理问题和心理症状,进行早期处理是预防和治疗心理疾病的主要途径。例如,通过开展如"从中学到大学的心理适应""失眠在告诉我们什么""谈性情话"和"紧张与焦虑的消解"等一系列辅导活动,我们可以确保辅导对象的明确性、针对性和实效性。

2. 提供专业的心理咨询与危机干预服务

目前,在我国的高等教育机构中,为学生提供心理咨询和危机干预服务的专业人士主要包括具有心理学或教育学背景的教师、学校医院的医疗工作人员以及从事思想政治教育管理的工作人员等。然而,大多数这些人员并没有接受过专业和系统的心理咨询和危机干预培训,因此他们在理论知识和实践经验方面都不能很好地满足工作需求。为那些有需求和必要性的学生提供心理咨询和危机干预,构成了将心理健康问题转变为危机事件的最终防线。高等教育机构迫切需要对专职心理咨询人员的职位设置进行规范化,对这些心理咨询人员进行资格审核,确保他们持有合格证书上岗,并接受专业的监督。此外,还需要建立一个以专职人员为核心,结合专业和兼职能力,负责心理咨询和危机干预任务的专业团队,以确保大学生的心理健康得到充分保障。

第三节　大学生心理健康教育与辅导的重要性

大学生这一群体不仅是现代先进社会的象征，也是推动社会进步的重要力量。他们的健康成长不仅影响到他们个人的福祉，还与整个国家和民族的未来息息相关。在最近的几年中，大学生的心理素质培养和心理健康维护受到了社会各方面的广泛关注。因此，大学生的心理健康教育和指导逐渐得到了政府相关部门、教育机构、家长和学生们的高度重视。强化大学生的心理健康教育，采用多样化的方式和途径来进行大学生心理健康的教学活动，并对大学生面临的心理问题进行准确的指导和辅导，将有助于提升大学生的心理素质，增强他们的心理健康状况，预防各种心理疾病，从而提升人才的整体质量，推动大学生全面成长，并实现高等教育的既定目标。

从高等教育实践的角度来看，对每位大学生来说，要保持高效的智力活动，发挥自己的能力和水平，积极参与社会活动，不断向更高的层次发展，都需要良好的心理素质作为保障。当大学生步入大学，他们会遭遇学习、社交、恋爱、职业选择等多个人生重要议题。鉴于他们正经历从依赖父母和家庭到逐渐独立的特殊阶段，再加上经验不足，他们经常会遭遇各种困扰和问题。在进行大学生心理健康教育时，我们不仅要关心学生是否存在心理疾病、心理障碍或心理危机，更重要的是要为他们创造一个和谐、健康且有助于个人成长的学习和生活环境，让他们在这个环境中体验到力量、滋养和自我发展的各种可能性。

因此，心理辅导作为一种提供心理支持和指导的心理教育和咨询治疗方式，由于其比心理教育更具针对性和灵活性，以及比个体心理咨询和治疗更注重预防和发展，在大学生心理健康教育中具有不可替代的重要性。心理辅导能够有效地解决心理健康教育课程在针对性方面的不足，以及在寻求心理咨询帮助时缺乏勇气和必要性的问题，因此它已经成为大学生心理健康教育教学的一个重要组成部分。

在进行心理辅导之前，首先需要深入了解和掌握学生的心理状况，这样才能制定出有针对性地执行计划和策略。我们可以采用问卷调查的方法来对大学生进行心理健康的全面调查。通过这种方式，我们可以筛选和判断那些在心理健康问题上有特定症状或明显困扰的学生，并为他们制订更具针对性的辅导计划。通过这些辅导活动，我们可以及时干预学生出现的问题，确保他们在心理健康问题出现的早期就能得到适当的指导和帮助。

要想提升心理素质，不仅需要掌握和理解相关的知识，还必须增强学生的自主学习动力。面对特定类型的问题或困惑，掌握相关的知识可以增强对这些问题的理解，并提高自我教育与管理的技巧。根据人口普查的数据，有针对性地组织教育指导讲座、座谈会和沙龙活动，可以有效地激发学生的学习热情，并增强他们的自我教育技能。

大学生的健康发展需要一个良好的环境，良好的班级和学习风气会不知不觉地改善学生的心理素质。丰富和多样的班级文化活动能够帮助学生培育出积极乐观的生活观念和健康愉快的情感状态。同时，举办各种形式的班级文化和体育活动也有助于营造一个健康积极的学习氛围和轻松理解的学习环境。这种以心理和文化为导向的教育方法也正在以心理辅导的方式展现出来。

简言之，重视心理健康和培育健全的心理品质，不仅是当前时代和未来职业发展的需求，也是确保大学生成功成长的关键因素。持有一个积极健康的心态，不仅可以获得出色的学习成果，还对人的一生都是有益的。在推进大学生心理健康教育的全过程中，教育的广泛传播和辅导的实施，对于促进大学生的心理健康和提高其心理素质，都将发挥至关重要的作用。

第二章　大学生个体与团体心理辅导

第一节　大学生个体心理辅导

目前,中国正在经历全面建成小康社会和实现中华民族伟大复兴的关键阶段,面对社会正在经历的复杂而深远的变革,大学生的思想问题也显示出相当复杂的特点。辅导员在大学生的成长过程中扮演着指导者和生活中的贴心伙伴的角色,他们应该为学生提供深厚的关心和理解,助其摆脱各种困境。这意味着辅导员需要掌握一些基础的心理辅导知识和技能,能够更准确地理解学生的个性需求,从而提高高等教育机构的思想政治教育效果。

一、大学生心理辅导及其理论基础

(一)心理辅导概述

1. 心理辅导的含义

心理辅导是一个过程,其中心理辅导者和受辅导者之间建立了一种具有咨询功能的和谐关系,目的是帮助受辅导者正确认识自己,接纳自己,然后欣赏自己,克服成长过程中的障碍,改变自己的不良意识和倾向,充分发挥个人潜能,迈向自我实现。

心理辅导这个术语主要是指为学生提供的心理指导和心理咨询服务。辅导员的角色和职责可以总结为:作为学生思想政治的指导者、日常生活的指导者以及心理健康的指导者。

在提供心理辅导的过程中,辅导员有能力深入了解学生的内心世界,有效地纠正学生的错误认知和行为,从而解决他们的心理问题。当心理辅导技术被整合到辅导员的日常工作中，辅导员的工作将更加有依据、有逻辑，并且更加科学和专业。

2.心理辅导与心理咨询、心理治疗的关系

心理辅导（guidance）、心理咨询（counseling）、心理治疗（psychotherapy）是有关联又有区别的概念。心理咨询是一种由接受过专业心理咨询训练的专业人士提供的服务，他们运用心理学的知识、理论和技术，为那些在解决自身面临的问题时遇到困难的人提供帮助、指导和支持。他们帮助这些人找出心理问题的根源，探讨解决困境的策略，从而帮助受辅导者缓解心理冲突、恢复心理平衡、提高适应环境的能力、促进人格的成长。心理治疗是一种在良好治疗关系的基础上，由接受过专业训练的治疗者运用心理治疗相关的理论和技术，对患有心理障碍或疾病的人进行治疗的过程。从心理辅导、心理咨询和心理治疗的定义中，我们可以观察到它们之间存在许多的相似性，这主要体现在它们所依赖的理论基础在某种程度上是相似的；这三个方面都致力于在心理健康服务提供者和接受服务的个体之间构建一个基于相互信赖的职业关系；这三者追求的终极目标均是协助服务对象保持并提高其心理健康状况。

考虑到心理辅导、心理咨询和心理治疗在某些方面的相似之处，人们在日常生活中经常将这三种方法混淆，但它们之间的不同之处是非常明显的，这种混淆可能会妨碍心理健康服务的正常运作。

（1）服务对象不同

在心理咨询和心理治疗领域，服务提供者与接受服务的人之间的关系都是基于访客主动寻求帮助的前提下建立的。区别在于，心理咨询的最基础和最主要的服务对象是健康的人群，或者是存在心理问题的亚健康人群，而不是病态的人群。根据《中华人民共和国精神卫生法》的明文规定，从事心理咨询的专业人士是不被允许进行心理治疗或者进行精神障碍的诊断和治疗的。那些经过临床心理诊断并被诊断出患有心理疾病的人群将成为心理治疗的目标群体。当心理咨询师遇到有神经症或人格障碍等心理问题的访客时，应立即进行转介处理。

通常情况下,心理辅导的目标群体既包括辅导员主动参与的约谈对象,也涵盖了学生主动寻求帮助的情况。在大多数情况下,辅导员并不是被动地等待学生的求助,而是根据自己掌握的信息,主动与学生进行面谈,以了解并协助他们解决在学习、生活、情感、人际关系和求职过程中遇到的各种问题。主动进行约谈可能会获得来访学生的支持,但也可能遭到他们的反感和拒绝。为了解决这个问题,辅导员需要展现出积极的辅导态度。如果真的无法获得学生的支持,他们应该在通知自己和家长后,将其推荐给更有经验的咨询师。显然,当辅导员觉得学生出现的问题超出了辅导的界限,需要寻求咨询或治疗时,应当迅速地将学生推荐给心理咨询师或心理治疗师,确保他们得到恰当的支持和帮助。

(2)解决问题不同

心理辅导和心理咨询主要集中于解决健康和亚健康人群在日常生活中遇到的各种问题,包括人际关系、职业选择、学习问题和情感问题。相较于心理咨询,心理辅导更多的是面向所有学生,而不是仅仅被动地等待那些有心理问题的学生寻求帮助;从另一个角度看,他们更倾向于处理学生明显的表面心理难题。心理辅导员不必拥有进行长期深度心理咨询的技能,但他们应当掌握基础的咨询理论和方法,以便更准确地判断学生是否需要转介服务。心理治疗的应用领域与心理辅导和心理咨询存在明确的区别。心理治疗的主要目标是解决各种神经症、性心理异常、心理障碍、行为障碍、心理生理障碍以及精神病患者在康复期的适应问题。

(3)双方关系不同

心理健康服务提供者与接受服务的个体之间的相互关系构成了心理服务能够有效实施的基础和先决条件。在进行心理咨询和治疗的过程中,对于咨询和治疗的关系都有严格的标准。咨询师或治疗师不能简单地将这种帮助他人的专业关系转化为其他的社交关系,也就是说,他们不能简单地扮演如“父母”“恋人”“上司”“老师”“朋友”这样的角色。他们应该尽量避免在成为咨询师或治疗师的同时,扮演其他不同的角色,以确保寻求帮助的人能够真实地展现自己并进行自我探索。尽管心理辅导强调对求助者持有中立和公正的态度，但由于辅导员独特的身份和职责，他们无法与学生真正站在同一起跑线上。因此，当学生向辅导员提供相关信息时，他们往往会表现出某种程度的自我保护心态。这意味着辅导员需要与发言者之间建立一个和谐且积极的联系，以防止对话走向完全不同的方向。

（4）工作边界不同

心理咨询和心理治疗的职责主要集中在心理方面，而并没有涉及非心理、法律或物质方面的援助。因此，为寻求帮助的人提供经济支持或作为访客在生活中的朋友，这些行为都超出了咨询或治疗的界限，是不适当的。辅导员在高校学生的日常思想政治教育和管理中扮演着组织者、执行者和指导者的角色，他们不仅有单一的心理辅导功能，还肩负着管理和教育等多重职责。辅导员有能力广泛地运用教育和管理等多种策略，例如资助贫困学生、提供就业指导和参与勤工助学活动等，以营造有利于学生心理健康成长的环境。

总体而言，心理健康服务具备三个层次的目标，即预防（prevention）、干预（intervention）、矫正（remedy）。与心理治疗相比，心理辅导和心理治疗更侧重于预防和干预措施，而心理治疗则更侧重于干预和矫正。深入理解这三个方面之间的关联和差异，不仅可以帮助那些寻求帮助的人获得必要的支持，还能推动心理健康服务朝着更为规范和专业的方向前进。

（二）个体心理辅导的基本理论

在当前心理辅导理论迅速崛起的背景下，各种不同的流派都展现出了百花竞放的趋势。我们特别挑选了几种与思想政治教育紧密相连的心理辅导方法，包括人本主义辅导理论、焦点解决短期治疗理论和经典的理性情绪疗法，进行了详细的介绍。

1. 人本主义辅导理论

人本主义心理学是美国现代心理学的主要分支之一，它对 20 世纪后半部分的文化、管理和社会生活产生了深远的影响，其中马斯洛、罗杰斯等学者是这一学派的杰出代表。从人本主义的角度看，人类被视为一个自由且理性的生命体，拥有巨大的个人成长潜力。“人为核心”的理念强调，每个人都有走向善良的潜能和发展的可能性。一个人的成长就像自然的流水，只要没有外部的障碍，他的发展就会自然而然地进行。人本主义的核心理念包括四个方面：首先是人的责任，也就是说，每个人都应该对自己的行为负责，一个自我发展的人也是一个有责任的人；其次，在这个特定的时刻，我们应该重视当下的情感和体验，珍视眼前的每一刻，并努力做好现在的每一件事；再次，关于个体的现象学，它强调每个人都是独立的，只有自己最深入地了解自己；最后，体验是高峰体验，它既包含了自我失落的感受，也有自我超越的过程。

人本主义在心理辅导方面具有其独到的方法和技巧。该观点强调，辅导者和当事人之间的关系不应仅仅是提供帮助或接受帮助，而应是一种平等的关系。在提供辅导的过程中，辅导者的主要任务并不是深入了解当事人面临的问题是什么、是如何产生的，或者使用何种技术可以帮助他们更好地认识和解决这些问题。相反，他们更多地将自己视为一种工具，通过他们的真挚、关心、尊重和理解来营造一个积极的环境，使他们能够自由地探索自己的内心世界。简而言之，主要存在三种策略：真挚的交流、毫无保留的积极关心以及深厚的共情。

(1)真诚沟通

在建立与当事人之间的良好辅导关系时，真诚地沟通成了一个至关重要的基础条件。真诚的沟通意味着辅导者对当事人持有真挚的态度，并确保其行为与言辞相符。真挚的沟通包含五大核心要点：一是不应仅仅局限于作为导师的角色，也就是说，不应仅仅局限于辅导员的职业定位；二是辅导者的表达非常自由，他们不需要权衡应该说什么或不应该说什么，也不需要冲动或压抑；三是缺乏防御机制，真心的人通常不会有任何防御反应。因此，辅导者需要认识到自己的长处和短板，并勇敢地面对自己的负面反应，同时进一步找出自己的不足之处；四是一致性，即辅导者的思考和观点应与其实际行为表现保持一致或存在一定程度的差异；

五是关于自我表达，辅导者有权公开地进行口头或非口头的情感沟通。真挚的沟通不只是辅导员所需的专业技能，它也是在与学生互动和交流时必须遵守的准则。

(2)无条件积极关注

人本主义的核心思想是无条件地积极关注，这在辅导实践中表现为对当事人的态度。换句话说，无论当事人的个人品质、情感状态或行为表现如何，辅导者都应无条件地接受和关注他们的问题和情感，并采用一种非评价性的语言，以便为当事人提供准确的共情反馈，激发他们的潜能，并让他们真正感受到自己的价值。因此，对于高水平的辅导者来说，无条件地积极关注不仅是他们的核心价值，也是他们愿意接纳和理解当事人，并在任何情况下都愿意以真诚的态度去关心和协助当事人的一种技术策略。在辅导员的实际工作中，尤其是当辅导员需要与两百多名年轻大学生互动时，我们经常从工作便利性的角度出发，将学生分类，如学习表现优异的学生和学习困难的学生(如学习困难、经济困难、心理困难等)。这种分类方式不可避免地给学生贴上了标签，导致他们关注的焦点发生了变化和转移。辅导员在与学生互动时，应始终保持无条件地积极关注，不论学生的背景、外貌、学业成绩或社交状态如何，都应展现出对学生的尊重和接纳，并向他们证明自己是一个宝贵的人。

(3)共情

共情是一种深入探索他人内心世界，理解他们情感的技巧。罗杰斯对于共情的阐述是：指导者有能力准确地理解当事人的内心世界，并能向当事人传递有价值的信息；当你真正理解或感知到这个世界中所隐藏的个人意义时，你会觉得它仿佛是你自己的世界，但你并没有失去这种独特的感觉。更深入地指导需要与当事人进行更多的情感交流。因此，在高校辅导员的职责中，他们应当对学生持有深厚的信任，认识到学生内在的潜质，并为他们创造各种机会和环境，以此来激发和锻炼学生的创新能力，并在班级中创造一个积极、和谐的工作氛围；我们需要善于站在他人的角度思考，不只是遵循规则，更要用情感去处理学生管理上的难题；我们应该站在学生的角度思考，用自己的热忱去影响那些有问题的学生，而不是采取冷淡或任其自然的态度来伤害他们的心理。

2. 焦点解决短期治疗理论

焦点解决短期治疗（Solution Focused Brief Therapy SFBT）实际上是英文直接翻译的产物，更具体地说，它是一个以解决问题为中心的简洁心理疗法。这个治疗方法起源于20世纪80年代的美国威斯康星州的短期家庭治疗中心，并已在家庭、社区、学校和医院等多个社会领域得到广泛应用。由于其简洁、实用和高效的特性，它赢得了越来越多的公众和专业人士的喜爱。焦点解决短期治疗不仅仅是一种突破性的心理咨询和辅导理论，它更是一种心理辅导的应用模式，主张在短时间内帮助当事人找到解决问题的方法。这一治疗手段具有明确的时代印记。

(1)焦点解决短期治疗的基本原理

传统心理辅导方法以“问题”作为中心焦点，对问题的具体症状和成因进行了深入的探究；心理咨询师被视为处理当事人问题的行家。焦点解决短期治疗的核心理念是“问题的解决”，它视当事人为解决自身问题的“行家”；为了探索问题的变化方式和可能的变革路径，我们需要深入了解当事人的目标、所拥有的资源、特殊情况下的经验以及他们对未来的期望，目标是用尽量少的对话来达成这些目标。

第一，事出并非有因。许多事件背后的因果联系都相当错综复杂。问题的出现常常是多种因素相互交织和影响的产物。因此，在探究问题的根本原因时，很容易陷入一个“鸡生蛋、蛋变成鸡”的反复论证阶段。与其花费大量时间和难以明确原因，不如专注于寻找问题的解决方案。焦点解决的短期治疗更注重“问题的解决”而非“问题的根源”，其核心目标是识别当事人期望的变化、与过去的差异以及实现这些变化所需的前提条件。

第二，问题症状也有积极意义。当事人所面临的问题不仅可能导致痛苦和伤害，同时也具有其存在的合理性和正面影响。因此，这不仅可以帮助当事人找到更优的问题解决方案，还可以帮助当事人重新构建问题，并引导他们关注问题的积极意义。为某一行为贴上特定的标签是相当武断的，因为在某些特定情境下，这样的行为可能具有正向的含义。作为心理辅导者，他们的一项主要任务是使当事人感觉到他们的问题和症状正在逐步得到改善。

第三，合作与沟通是问题解决的关键。在辅导者和当事人之间，存在一种基于合作的互动模式。辅导者带着“建构问题解决之道”的耳朵，积极听取当事人的叙述，引导他们朝着积极的方向进行建构，促使他们进一步采取行动。当事人是对自己的问题有深入了解的专家，而辅导者则是问题解决的行家，仅当两者携手合作时，问题才能得到解决。问题之所以难以解决，往往是因为采用了不适当的解决策略。

焦点解决短期治疗将问题视为“个体在尝试解决问题过程中形成的不适当的问题解决习惯模式”。问题本质上并非真实存在的问题，不适当的解决方案会使问题暴露出来，进而演变成一个更大规模的问题。焦点解决短期治疗的核心目标是不把问题放在首位，而是致力于发展解决问题的策略。当辅导者进行问题思考时，他们需要充分考虑问题的复杂性和独特性，帮助当事人寻找更优或更具灵活性的解决方案，并坚信当事人具备构建合适问题解决方案体系的能力。

第四，当事人是自身问题的“专家”。鉴于坚信当事人具备解决自身问题的能力，我们应当重视他们的优点，并深入挖掘他们的目标、潜在资源和能力。解决问题的方式并不是由辅导者提供的，而是他们激发当事人利用自己的目标、资源和潜力来实现变革，这是由当事人而不是辅导者所创造的变革。

第五，从“问题不发生的时候”出发。我们应当重视当事人的成功之路，并突出其发展潜力与正面影响。用一个形象的比喻来说，如果一个系统由“黑”和“白”两个部分组成，并且整个系统是守恒的，那么过去的做法是逐步消除“黑”的部分，使“白”的部分不断增加，现在是让“白”的部分不断增加，“黑”的部分会相应地逐渐缩小。换句话说，我们应该专注于“白色”部分的发展，而不是完全消除“黑色”部分。这种做法有助于当事人摆脱自我责备、内疚感等不良情绪和观念，分享他们的成功故事或如何优化未来，进而走向更为积极的生活方向。

第六，有例外就能解决。焦点解决短期治疗坚信“每件事都存在例外情况”。只要存在例外情况，就存在变革的机会。虽然当事人通常都接受例外情况的存在，但他们往往会陷入问题的困境，很容易全盘否定，而忽视例外的真正意义和价值。辅导者的主要职责是帮助当事人识别例外情况，使他们能够看到“问题不发生时”的实际情况，并对自己的能力有信心。

(2)焦点解决短期治疗的基本过程与技术

在焦点解决的短期治疗流程中，主要有两大核心任务：首先是帮助患者设定小而积极的目标，其次是识别例外情况并制定多样化的问题解决方案。最初，辅导者会询问当事人寻求帮助的原因，并给予他们描述问题的机会。虽然辅导者会对问题的性质或事件的具体细节进行深入探究，但他们并不会深究问题的根本原因。在积极听取意见的同时，他们也在计划如何引导当事人朝着“问题解决”的方向前进。当我们积极地倾听、关心并给予尊重时，我们能够与当事人建立稳固的咨询关系，并在此基础上，帮助他们明确自己的目标，发掘他们的特殊经验，并提供解决问题的策略。在会谈结束之前，有必要回顾和总结会谈的整个过程，并给予积极地反馈或者布置家庭作业。

焦点解决短期治疗涉及多种常用技术，这些技术主要用于识别或识别例外情况，以及挖掘患者自身的潜在能力和资源。在实际操作中，如果辅导员能够熟练掌握某些专业的焦点短期治疗方法，那么他们将更有可能深入地理解和掌握学生的需求和感受。下一步，我们将对几种经常使用的技术进行简短的概述。

所谓的预设式提问，其核心思想是利用言语去影响当事人，使他们从一个与过去完全不同的视角来思考问题。

奇迹式提问的核心思想是让当事人设想在所有问题都得到解决的情境下，如何引导他们去思考可能会发生的变化，并从中找到问题的答案。

关系式提问是一种方式，通过询问与当事人有关联的重要人物关于他/她、某一事件以及可能发生的变化的观点，以此来拓宽当事人的思维视野。

采用例外式的提问方式，可以帮助当事人在过去的事件中识别出特殊情况，并指导他们在事情不那么严重的时候进行分析。

评价式的提问方法，通过量化手段使当事人的抽象观念变得更为明确。

初步的迹象可以通过分析最初的轻微变化迹象来研究改变的具体步骤和计划。

“加油助威”是指当当事人发现有特殊情况或问题需要解决时，通过口头或非口头的方式为其鼓掌、加油，并对其所做之事给予肯定与鼓舞。

当当事人展现出积极乐观的态度或寻找到相关资源时，应给予他们表扬和激励。赞美可以被分类为直接的、间接的以及对自己的赞美。

当当事人不能明确指出最近或过去的例外情况时，可以采用因应问句作为回应。

分配任务或家庭作业的目的是鼓励当事人在日常生活中进行实践，探索新的行为模式或保持持续的积极态度。

现阶段，焦点解决短期治疗方法在学校辅导、企业员工援助项目、非志愿者案例和团体中得到了广泛应用，被视为一种具有巨大应用潜力的咨询方式。

3. 理性情绪疗法

理性情绪疗法（Rational Emotive Therapy RET）是由美国的临床心理学家阿尔伯特·艾利斯（Albert Ellis）在20世纪50年代首次提出的。理性情绪疗法基于一个核心假设，即人们的情绪主要是由信仰、评估、阐释以及对日常生活事件的响应所触发的。

（1）理性情绪疗法概述

理性情绪疗法的关键在于消除不合逻辑和不合逻辑的信仰，并确立一个正确的信仰体系。非理性的信仰指的是那些可能引发情感和行为障碍的不合逻辑的看法。通过对理性情绪的指导，当事人可以学习一些方法来寻找和反驳非理性的信仰，而采用理性的认知方式，将会改变由事件引发的情绪反应。艾利斯基于他的临床实践经验，归纳了十种不合逻辑的信仰。具体如下：

第一，每个人都应该得到在自己生活环境中重要他人的喜爱与赞许。

第二，每个人都必须能力十足，在各方面有成就，这样的人才是有价值的。

第三，有些人是坏的、卑劣的、恶性的；为了他们的恶行，他们应该受到严厉的责备与惩罚。

第四，如果所发生的事情是自己不喜欢或不期望的，那它是非常不好、令人害怕的，事情应该是自己喜欢和期待的。

第五，人们的不快乐往往是由外部因素触发的，很少有人能够或根本无法控制自己的悲伤和压抑。

第六，一个人在面对危险或恐怖的事情时，应该保持高度的警觉，并始终考虑其可能的后果。

第七，逃避困难、挑战与责任要比面对它们容易。

第八，一个人应当依赖他人，并且需要有一个比自己更有实力的人作为他的支柱。

第九，一个人的历史背景对他现在的行动起到了至关重要的作用，因为某个事件曾经对一个人产生过影响，并且这种影响会持续，甚至可能永远持续。

第十，当一个人遇到各种各样的问题时，他应该有一个正确、适当和完整的解决方案，如果不能找到解决方案，那将是非常不好的。

心理学者韦斯勒(Wessler)归纳了上述不合逻辑信仰的三大特点，分别是绝对化、概括性和极度恶劣。在词汇表达中，“必须”“应该”和“一定”都是主要的表达方式。

ABC人格理论在理性情绪治疗中具有核心意义。这一理论的基本认识是：

人们所面临的问题并不是起源于触发事件本身，而是基于人们对该事件所持有的坚定信念。

A(activating event)是指诱发性事件；

B(belief)是指个体在遇到诱发事件之后相应而生的信念，即他对这一事件的看法、解释和评价；

C(consequence)是指特定情景下，个体的情绪及行为的结果。

普遍的观点是，人们的情感和行为反应是由诱发性事件A直接触发的，也就是说，A触发了C。ABC理论明确表示，诱发性事件A仅仅是导致情绪和行为反应的一个间接因素，而人们对于诱发性事件的信仰、观点和解释B则是更直接地触发人们情绪和行为反应的因素。因此，转变负面情绪的最有效方法是改变对某一事件的看法和信仰。例如，当一个大学生因为考试成绩一般(A)而感到焦虑，甚至产生抑郁情绪(C)，这是因为他持有这样的信念(B)，即大学生应该在所有方面都表现出色，否则情况会变得非常糟糕。然而，当他坚信大学生不一定在所有方面都表现出色，认为做最好的自己是最重要的时候，他的反应也会有所不同。

(2)理性情绪疗法的基本过程

理性情绪疗法的核心目标是协助患者采用理性的思考模式来替代不合逻辑的思考方式，并用理性的信仰来取代非理性的信仰。通过改变信仰，我们可以避免情感上的困扰和对自己的挫败。相较于其他的心理辅导和治疗方法，理性情绪疗法显得更为主动和积极。

这要求辅导员在辅导的全过程中展现出更多的主动性，这将使得问题更为直观，并能在第一节关于大学生心理辅导及其理论基础的部分迅速得到解决。

第一，问题诊断。辅导员与学生之间构建了一种基于相互信赖的指导关系。理性情绪疗法与人本主义疗法所强调的以人为核心的理念有所不同，它需要构建一种类似于“教育者与被教育者”的指导关系。在这个基础之上，辅导员持续地收集各种信息，逐渐识别出学生存在的问题，并识别出他们在认知层面上的一些不合逻辑的信念。

第二，理论领悟。对于那些首次接受理性情绪治疗的学生，辅导员有责任向他们解释ABC理论，并结合他们目前的实际情况，与他们探讨存在的不合逻辑的信仰和思维方式，以及这些因素与情绪困扰和行为失调之间的相互关系。我们的目标是让学生认识到问题的根源在于他们自己，并通过认知的转变来优化他们的情感和行动，进而坚定他们的决心，努力去改变那些不合逻辑的信仰和思考模式。

第三，认知改变。利用行为、认知以及情感的技巧，协助学生修正他们的不合逻辑的信仰，并优化他们的认知框架。最经常被采用的方法是针对不合逻辑的信仰展开辩论。鉴于学生的不合逻辑的信仰可能会持续很长时间并变得非常坚定，这个辅导时期可能会变得相当困难，有时甚至会出现反复，最后可能需要更多的时间。

第四，认知巩固。辅导员采用认知家庭作业等方法，协助学生进一步稳固他们的合理信仰，并推动他们的价值观和认知模式发生转变。辅导的终极目标是培养学生以合适的思考模式来应对和解决新出现的问题。

(3)理性情绪疗法的方法和技术

在理性情绪治疗中，所使用的手段和方法是多种多样的。最普遍采用的策略和方法是与不合逻辑的信仰进行辩论，接下来是对家庭作业的认知以及为了确保家庭作业的完成而引入的自我管理技巧，而合理的情感想象技巧也是经常被采纳的策略之一。

第一，与不合理信念辩论。在识别出不合逻辑的信念后，辅导者开始协助当事人就这些信念展开辩论，主要是通过持续的提问来进行。在一方面，我们需要摒弃不合逻辑的信仰和思考模式，而在另一方面，我们也需要确立合适的信仰和思考模式。

质疑是一种常用的方法，可以动摇当事人的不合理信念。质疑的核心在于识别信念或思考模式中那些不合逻辑、不合逻辑且与实际经验不符的部分。为了让当事人认识到其中的不合逻辑和荒唐之处，辅导者会采用夸张的反问方式，以放大当事人信仰中的不合逻辑和不合逻辑的部分，从而达到更好的效果。

另一个关键的策略是进行分析，帮助当事者明确其意图与需求、期望与要求或所谓的“必须”，以及其中的合理或不合理的信仰。比如说，“她爱我”与“她必须爱我”这两个说法是有区别的。前者代表了对方的意图，并根据实际情况来评估其合理性；而后者仅仅是访客的请求，代表了不合逻辑的信仰。显然，首先需要识别访客的思维模式，接着评估其是否合乎逻辑，然后阐明不合理的信仰是如何引发情感困扰的，接着要求当事人明确这种思维方式对自身的潜在危害，并据此放弃这种思维，以实现消除情感困扰的最终目标。

除了“破”，还需要“立”。利用语义精确法，当事人能够构建合适的信仰和感受。思考方式塑造了语言的表达。辅导者致力于协助当事人通过合适的语言描述来明确当前的情境，并避免产生不合逻辑的信仰和思考模式。以“她走了，没有人会再像她那样爱我了”为例，这种观点可以被重新诠释为：“她之所以离开，是因为她不再爱我，但仍然会有人继续爱我，他们对我的爱可能是深沉的，也可能是深沉的”。

替代性选择法主要是为了帮助那些过于纠结细节的人，使他们意识到事情还有其他的可能性和选择。当辅导者与当事人共同探讨其他潜在的行动策略或问题解决手段时，可以激发出积极的后果预期，从而帮助他们寻找到更优的问题解决方案。

第二，认知家庭作业。认知家庭作业是一种在日常生活中通过与不合理信仰进行辩论来完成的任务。与不合逻辑的信仰进行辩论以形成合适的信仰是一项艰巨的任务，因为这些不合逻辑的信仰并不是偶然产生的，而是当事人在日常生活中长时间积累下来的思考模式。因此，除了常规的辅导时间，我们还应该为他提供一个深入思考和实践的机会，这样他才能真正地用合理的信仰去克服那些不合逻辑的信仰，从而真正地改变一个人的思维、情感和行为模式。因此，艾利斯构建了一个基于 ABC 理论的情感治疗自助评估量表。

(A)诱发事件、想法或感受。(发生在我产生困扰情绪或自我挫败行为之前)

(B)信念——非理性信念是导致上述后果的信念。选出与上述事件有关的信念。

(C)后果或状态——困扰的情绪或自我挫败的行为。(这是发生在我身上,也是我想改变的)

(D)辩论——针对每项你选出来的非理性信念展开辩论。例如:为什么我必须做得非常好?

(E)有效的理性信念——用于取代非理性信念。例如:我希望做得好但不是必定如此。

(F)感受与行为——建立起有效的理性信念之后,我的体验是:我将在许多场合对自己灌输理性信念,使现在的情绪不受困扰,减少今后自我挫败行为。

1. 我必须做得好或非常好!

2. 如果表现软弱或愚蠢,我就是个没用的人。

3. 我必须获得我重视之人的认可和接纳。

4. 我重视的人必须爱我。

5. 如果受到拒绝,我就是不好、不可爱的人。

6. 人们必须公正地对待我并给予我所需要的。

7. 人们必须符合我的期望,否则情况就会很糟。

8. 有不道德行为的人就是坏人。

9. 我无法忍受不好的事情或难缠的人。

10. 我的生活必需风平浪静没有麻烦。

11. 如果重要的事情不顺利,情况就会很糟。

12. 我无法忍受不公平的事。

13. 我需要立即得到许多满足,如果得不到,我一定会痛苦伤心。

14. 其他非理性信念。

完成任务的流程是:首先识别出 A 和 C,接着再识别出 B。你可以参考表格中的前 13 种不合逻辑的信仰,以确定与你的信念 B 相匹配的观点。如果不在 13 种分类中,可以额外列明。然后,通过 D 与自己的不合逻辑的信仰进行辩论，最终填写 E 和 E，这代表了自我辩论后的情感和行为的转变，这也是对治疗效果的一种验证。如果出现明显的变化，那么这表明治疗是有效的；不明显的变化表明，不合理的信仰依然在影响当事人的情感和行为，因此应当继续接受治疗。

第三，合理情绪想象技术。合理的情绪想象是指引导当事人去想象那些可能导致情绪问题的特定情境，并通过控制或改变这些情境来产生不良的情绪反应。当事人首先需要设想那些令自己心情烦躁不安的场景，就像是身处其中，感受在这些场景中的情感反应。辅导者有能力通过高效的语言手段来引领参与者进入一个充满想象的环境，并进一步协助他们调整和改变自己的情感反应，或者用合适的行为和情感体验来进行替代。当当事人遇到难题时，辅导者应当给予他们适当的指导和激励，直到他们成功地完成了他们的预期任务。在这种情况下，当事人可以暂停他们的想象，深入探讨自己的情感是如何发生变化的，从而激发出合理的认知，由辅导者加以加强，并培养出合理的信仰。允许当事人依照此种方法进行实践练习，并在实际环境中进行操作。

另一种可能的方法是，首先引导当事人去想象哪些情境可能导致他们感到不适，接着让他们描述自己此刻的思考方式以及他们的信仰是什么。辅导者协助当事人识别并反驳其中的非理性信仰，并探讨在这种情境下的适当行为反应和情感体验。接下来，引导当事人进入一个充满想象的场景，让他们体验如何维持恰当的行为和情感反应。

二、大学生个体心理辅导的基本技能

在过去与学生交流的过程中，高等教育机构的辅导员通常在教育、管理以及服务等多个方面扮演着权威的角色，并对学生进行思想和政治方面的教育。在日常的管理任务中，有些辅导员也发出了这样的叹息："如今的学生真的难以管理，不清楚他们心里到底在想些什么？"因此，要与学生建立真正的联系，辅导员需要掌握辅导技巧，学会与学生建立信任的关系，倾听学生的想法和想法，进行合理的引导，这样辅导员的工作才能真正入脑、入耳、入心。

(一)倾听的技能

沟通是一个双向互动的活动,涵盖了听与说两个方面。倾听被视为一种艺术,它需要听众完全集中注意力。倾听对于所有的辅导反应和策略来说都是不可或缺的前提条件。在辅导的整个过程中,倾听往往是最早的响应方式。倾听的核心目标是帮助辅导者更好地理解对方的观点,并确保当事人能够听到他们所说的内容。

基伯森 Gibson 强调,掌握倾听技巧是进行心理辅导的基本要求。在心理辅导的环境中进行的倾听与常规的社交对话有所不同。这种倾听需要辅导者深入地聆听当事人的发言,理解他们的内心感受,接纳他们的思考模式,并站在他们的角度进行思考和反馈。因此,它并不像我们在日常对话中那样,可以自由地插话、发表是非观点或者进行辩论。在听取当事人的发言时,辅导者努力控制自己发言的冲动,而不是基于个人的价值观来评判当事人的观点,并积极地表示对当事人内心感受的赞同。因此,倾听实际上是对尊重和接纳的具体体现。

在高等教育中,辅导员与学生进行有效沟通的首要步骤是倾听,这也是构建双方和谐关系的基础要素。我们需要打破过去辅导员在对话中的主导和学生的次要地位,避免辅导员过多地讨论而忽视学生的情况。辅导员有责任认真倾听学生的意见,并持续地激发他们的思维,让他们在叙述过程中明确表达自己的看法或者释放自己的情感。这种方式不仅能让学生体验到被尊重的感觉,还能有效地释放一些负面情绪,最关键的是,辅导员能够通过学生的言辞和行为来"感知"学生的真实心理状况。辅导员的职责不仅是理解学生通过言语和行为所传达的信息,还包括识别学生在对话过程中遗漏或未表达的信息。因此,在执行工作任务时,辅导员需要精通倾听技巧,确保以积极、鼓舞、接纳和理解的态度进行倾听。

柯特勒持有的观点是,倾听可以被划分为两大类:一是被动的倾听,这涉及使用身体语言(如点头、微笑、凝视、坐着等)和有限的语言(例如"嗯""是的""我明白"等)来向学生传达,指导者正专心地听他们的发言。

一些研究人员提出，辅导者进行身体聆听的五个核心要素包括：与当事人的正面互动（squarely）、保持身体姿势的开放性（open）、稍微偏向当事人（lean）的身体、保持良好的眼神交流（eye）以及保持身体的放松状态（relaxed）。二是主动倾听，这意味着采用积极的策略让学生知道辅导者正在专心地听。

在职业生涯中，许多辅导员更倾向于说他们不喜欢听，或者习惯性地说他们不喜欢听。在与学生的心灵交流中，只有当学生真切地感受到老师是真心地关心他们、倾听他们的分享，而不是单纯地评判和教导他们时，他们的心灵才会向老师敞开大门。因此，倾听时需要注意以下两点：

（1）在评价学生的态度时，应避免进行道德或对错的评判。如果仅仅根据自己的道德标准来评价他人，可能会形成一种先入为主的思维模式，导致问题得不到妥善解决，从而使学生停滞不前，不敢公开表达自己的真实感受。我们应该鼓励学生正视自己，在教师的引导下尝试独立解决问题，从而增强他们独立解决问题的技巧。辅导员在教学过程中也需谨慎，避免将深入的交谈转变为“不厌其烦”的话语，否则学生的真实想法可能会被埋没，辅导员的指导也不会产生任何效果，因为只有正视问题，问题才能得到解决。

（2）倾听需要适时回应。这有助于学生深入了解自己的精神世界，并毫无保留地表达自己的真实感受。在聆听时，适当地鼓励和重复学生在叙述中的某些观点或内容，有助于缩短与学生的距离，并为学生提供对特定问题、思维和情感的深入解读。

（二）同理心的技能

同理心，也被称为共情、同感或同理心，是一种专业的咨询方法。它通常要求心理辅导者能够站在当事人的角度去理解他们所感知的外部世界，分享他们对外界刺激的心理反应，并将自己的准确见解有效地反馈给当事人，从而有助于促进当事人在自我分析、自我感悟和自我认知能力方面的全面发展。罗杰斯持有的观点是，一个健康的咨询关系本身就带有治疗作用，这也是构建健康咨询关系的三大关键要素之一。

同理心主要包括四个要素:一是放下自己的主观参照标准;二是进行有效地倾听;三是感受当事人的情绪;四是通过语言把自己对当事人的感受有效传达给对方。

拥有同理心可以帮助心理辅导者与相关当事人之间建立起一种基于信任、平等和相互尊重的关系,这也是心理辅导工作能否成功的决定性因素。辅导员在执行职责时,应当持有同理心,这意味着他们需要舍弃自己的价值观,不对学生进行道德上的评判和判断,而是能够在观察和倾听的过程中深入理解学生的情感、信仰和态度,并能够将这些情感有效地传递给学生。即便学生犯下了重大失误,也不应轻视他们,让他们感受到教师对他们的尊重和理解,这样他们就会愿意毫无保留地向教师表达自己的观点和建议。需要特别注意的是,同理心并不意味着教师应该完全舍弃自己的价值观。相反,教师应该暂时放下传统的评判标准,深入学生的内心,追溯问题的根本原因,并最终采用科学的方式帮助学生解决问题,从而建立正确的价值观。

同理心可以被划分为初级同理心和高级同理心。在使用同理心进行辅导时,辅导者必须依据咨询的不同阶段和与当事人之间的关系来确定应该采用哪一种程度的同理心。初层次同理心代表了辅导者对当事人的基础认知和理解,他们明确了当事人的情感体验以及在这种情感影响下的行为和感受。这有助于形成积极的咨询联系,为辅导者提供所需的资讯和材料,并有助于明确相关的疑问。高层次的同理心表明,辅导者不仅能够对当事人的陈述做出响应,还能够对那些含蓄的、尚未完成的表达做出准确的回应。高级同理心在咨询过程的中后阶段是适用的,特别是当辅导人员与当事人已经建立了良好的关系时。

一名学生向你抱怨说:“这算什么,我用了整整一周的时间写的报告,只得到了良,但是王朝临时东抄西凑的居然得优,你说老师是怎么当的,简直没有标准!”

辅导员甲:不,老师在批改作业时一定有他自己的准则,虽然不能保证100%的公平性,但一定要尽量做到公平,你误解了老师。

辅导员乙:你不应该首先抱怨老师的不公平,你应该首先反思自己,确定哪里不好,然后才能得分,老师给分一定是合理的。

辅导员丙:不必过于伤心,这个世界上的事情总是这样,太多的不公正事情,只需认为自己写得很好就足够了,不必太过关心他人的意见。

辅导员丁:你对小王提交的报告有了解吗?这与你的报告有何区别吗?或许你需要首先搞明白,这样才能为未来的报告撰写提供指导。

辅导员戊:你觉得老师给报告的分数评价不够公正,因此你感到非常愤怒。

上述几种反应,在辅导过程中很难判断哪一种是适当的或不适当的,因为它们都是合理的,具有不同的意义和效果,但如果是在辅导会谈的开始,就需要深入探讨其适用性。辅导员甲显然是站在与当事人完全相反的立场上,并站在维护老师的立场上,而没有真正地去感受和理解当事人的感受和心情,这容易让当事人产生误解和不信任的情绪。辅导员乙的做法是对当事人进行批评,并对其持怀疑态度。上述两种反应可能导致当事人感受到挫败和愤怒,进而选择放弃或与辅导员发生争执,这不仅会使双方关系变得紧张,还可能妨碍对问题的深入理解。辅导员丙的主要职责是提供安慰,尽管安慰是必要的,但当事人的情感往往被压制,导致问题被模糊地带到了前台;辅导员丁的建议是在问题尚未明确、情绪还未得到妥善处理之前提出的,这样的建议既不适当也没有实际效果。辅导员的角色是站在当事人的角度,深入理解并表达当事人的情感,确保他们感受到被理解和接受。这不仅有助于加强双方的联系,还能激励当事人持续地进行探究和澄清,从而正确地运用了同理心。

(三)尊重的技能

尊重是指辅导者在价值观念、个人尊严和人格尊严等多个方面与当事人持平,将当事人视为具有思考、情感、内在体验、生活目标、个性和独立性的真实存在的个体,并在对待求助者的现状、价值观、人格和权益方面表现出接纳、关心和呵护。罗杰斯高度重视辅导的重要性,并认为这是促使当事人性格发生积极变化的核心要素之一。

1. 尊重意味着完整接纳

尊重不仅是对一个人的长处和短处的接受，同时也是对一个与自己价值观存在巨大差异或差异的人的接纳，并与其进行平等的沟通。举例来说，当一个生活态度积极、充满活力的辅导员遇到一个毫无目的、醉生梦死但又抱怨命运的学生时，他可能会表现出不满和责备。因此，辅导员需要深入了解自己的核心价值观，并对他人的价值观给予充分地尊重。每个人的价值观形成背后都有其复杂的历史背景，不仅仅是辅导员的价值观是正确的，对于辅导员而言，开放的思维方式是至关重要的。

2. 尊重意味着一视同仁

尊重代表着平等对待所有学生，不论他们的经济状况、学业成绩、性格、年纪或性别如何，辅导员都应当平等对待，给予他们尊重，不能偏颇对待。

3. 尊重意味着以礼待人

辅导员应当避免对学生进行嘲讽、愤怒、贬低或惩罚，即便学生在言行上表现得有些不礼貌，也应当以礼貌的态度对待他们。

4. 尊重意味着信任

信任构成了尊重的根基，如果缺少了信任，那么尊重就会变得困难。有时，由于咨询关系尚未完全建立，学生在处理某些敏感问题时可能会感到担忧、遮掩或犹豫。辅导员应当给予充分的理解，并通过尊重、理解和温暖来消除学生的疑虑。在某些情况下，学生所说的话可能会产生冲突，辅导员可以提供帮助进行澄清，而不是简单地将其视为学生有意不诚实。无论在学业还是职业生涯中，我们都应该坚信学生具备完成任务的能力，并给予他们足够的自信和激励，这样才能赢得他们的真诚和自信。

5. 尊重意味着保护隐私

辅导员应当对学生分享的机密和隐私给予充分的尊重和保护，不应轻易将其泄露出去。辅导员在面对与咨询紧密相关但学生暂时不愿公开的隐私信息时，应当保持耐心，避免强行进行叙述。关于与咨询不相关或与其关联不深的隐私问题，辅导员不应轻易介入，也不应因好奇而进行询问。对于每位学生的个人隐私，我们都应确保绝对保密，特别是那些主动与辅导员交谈的学生，他们分享的情感、家庭和感情等私密信息，辅导员都应当严格遵循保密的准则。

6. 尊重以真诚为基础

真正的尊重并不是盲目地迁就学生，缺乏原则和道德判断。辅导员在某些情况下可能会对学生的言论和行为表示不满。面对这种情况，辅导员应当基于已有的资料，并根据咨询关系的实际情况，明确表达自己的观点和意见，否则可能会违反他们的真诚期望。持有与学生不同的观点，并不意味着不尊重他们，也不意味着否定他们，因为辅导员更注重事情而非人。在已经建立了咨询关系的前提下，适当地表达对学生行为和言论的观点，并不会妨碍咨询过程，反而会产生积极的推动效果。同时，我们应当教导学生正确地理解尊重和真诚之间的关系，因为在咨询的后期阶段，辅导员经常会与学生进行面对面的交谈，这样可以帮助学生尽早理解辅导员的"对事不对人"的观点，这是非常必要的。显然，如果辅导员觉得自己真的不能接受学生，他们可以考虑将学生推荐给合适的指导者，这也体现了对学生的尊重和责任感。

(四)沟通的技能

在《教育——财富蕴藏其中》这本书中，联合国教科文组织强调了通过对话和明确各自的观点来进行辩论的重要性，认为这是21世纪教育所需的一种策略。对话，作为教育的一种形式，强调教育者和受教育者之间基于平等地位的双向沟通和理解，教育者应该从权威的统治者转变为平等的领袖。

心理辅导通常通过两种途径影响当事人：一是通过言语进行表达，二是通过非言语的方式进行。在进行心理咨询时，这两种方法常常是相互融合的。在进行心理辅导时，如何准确地识别和选择合适的口头和非口头表达方式，以实现最优的心理效果，成为心理辅导者与相关当事人进行有效沟通的核心问题。

1. 交谈技术

对话被视为心理辅导的核心方式和工具。然而,这是一种与众不同的对话形式,它既继承了普通对话的普遍特性,同时也具有其独有的优势,即能够有力地推动参与者的积极变化。

所指的交谈技巧,是指在交流信息的过程和特定的人际关系中,指导者应该具备的敏感性、洞察力等多种不同的能力和技巧。更具体地说,交谈技术是一种能够接收和理解当事人的口头和非口头信息,并能有效地传达这些信息的能力。

心理辅导的核心是从当事人讨论自己的问题开始,也就是说,它是从听取当事人的意见开始的,因此,建立在共情理解上的倾听是心理辅导的基石。

2. 观察技术

在心理辅导的过程中,辅导者与当事人的互动主要涉及两大领域,那就是口头表达和非口头行为。口头表达不仅是双方分享信息和建立情感的手段,也是指导者辅助当事人的关键途径,但众多的非口头行为在言语内容上起到了补足和调整的角色。很多非言语行为所传达的信息和情感,有时甚至比言语更为丰富和精确。因此,在心理辅导的过程中,将这两种表达方式结合在一起,才能更好地理解和把握当事人的真实感受和需求。

在大多数情况下,非言语行为主要涵盖了面部的情感表达、身体的各种动作、声音的特点以及服装和打扮等方面。

(1)面部表情的观察

在所有的面部表情里,眼神显得尤为关键。当辅导者的目光落在当事人身上时,这意味着辅导者对当事人的对话表示出浓厚的兴趣,并带有一种鼓励和支持的态度,但这种眼神应该是温暖和自然的。当眼睛进行交流的时候,通常应该将视线集中在当事人的嘴部到额头这一特定区域。通常情况下,眼神的交流并不意味着始终盯着对方。通常情况下,当当事人表达自己的感受时,更多地关注他;当指导者独自发言时,可以适当地退出部分内容。在进行咨询时，当事人可能会选择避开或转移视线，可能是斜视或凝视辅导者，甚至可能完全不看辅导者。为了更有效地进行咨询，辅导者应该利用他们的视线和眼神去理解当事人，从而推断出咨询的氛围和谈话的主题。

(2)身体动作信息的观察

在相互交流的过程中，辅导者与当事人在身体和手势上的变化及位置扮演着至关重要的角色。辅导状况的变动常常可以通过它们的变动来体现。例如，当一个人坐得很沉，双手搁在膝上，仿佛要紧紧抱住某物，这显示了他的紧张、受限和难以理解他人的情感，他也不太愿意表达自己的真实想法。手势不仅在身体姿态上发挥着重要作用，还在其他方面有着显著的影响。通过不同的手势，一个人的焦虑、内心的矛盾和忧郁可能会被传达出来。比如，在辅导过程中，如果当事人双手紧紧相握，这通常意味着他们的情绪非常紧张，难以靠近。

(3)注意声音特征

声音在言语中起到辅助作用，它具有第二言语的特性，并对言语产生增强或减弱的效果。在进行心理咨询的讨论时，声音的关键特点包括音量的大小、音调的高低以及语速等方面。通常情况下，音调的升高不仅是对讨论主题的强调，也是一种情感的表达；降低有时被视为一种强调，目的是吸引听众的关注，或者是因为涉及自己或他人的敏感、痛苦或伤心事件，降低有时也被视为一种疑虑或逃避。说话速度的提升意味着感到紧张和兴奋；如果语速减缓，这可能是由于感觉冷淡、情绪低落，或者是在考虑是否需要进行表达以及如何有效地进行表达。

3.提问技术

通常，为了更好地与当事人沟通，一个高效的方式是提出问题，这样的提问方式有助于心理辅导的流畅进行。提问可分为开放式提问和封闭式提问两种。

(1)开放式提问

在开放式的提问中，通常会使用如“什么”“如何”“为什么”“能不能”

和“愿不愿意”等词汇，以便让参与者对相关的问题、观点和情感进行深入地阐述。通常情况下，询问“什么”可以帮助我们获取一些事实和信息，例如“你采取了哪些措施来解决这个问题？”带有“如何”意味的提问通常涉及某个事件的进程、顺序或情感层面的内容，例如“你对这件事有何看法？”通过“为什么”的提问，我们可以进一步探索其背后的原因，例如：“你为何不愿意这么做？”有时，通过以“愿不愿”和“能不能”为开头的提问方式，鼓励当事人进行深入的自我反思，例如：“你能否解释给我听，你为何对黑夜如此恐惧？”从这一点可以看出，不同的提问词汇可能会带来不一样的答案。当采用开放式的提问方式时，我们应当确保它是建立在良好的辅导关系之上。如果忽略了这一点，可能会导致当事人感受到被询问、被窥视或被分析的情感，进而产生反感。提问更多的是出于辅导的需求，而非出于好奇或对隐私的好奇。

(2)封闭式提问

在封闭式的提问中，经常会用到如“是不是”“对不对”“要不要”和“有没有”这样的词汇，而答案往往是简洁的“是”或否。这样的提问经常被用于搜集信息、进行组织整理、明确事实、突出关键点并减少讨论的广度。如果当事人的叙述偏离了主题，可以适当地暂停其叙述，以避免会谈过于个人化。

三、大学生个体心理辅导范例

在大学生群体中，普遍存在的心理问题主要可以划分为三个不同的层次：心理困扰、心理障碍以及精神障碍。大学生的精神障碍是大学生心理健康中的第三个重要方面，也是最为严重的部分。当学生遭遇与精神障碍相关的问题时，心理医生应当介入并提供解决方案；心理问题是大学生心理健康的另一重要方面，应当由具有专业知识的辅导人员来解决；辅导员所面临的挑战是大学生在成长过程中可能遭遇的心理问题，这是一个基本的层面。辅导员需要明确自己的职责和角色，特别是针对学生可能出现的各种心理问题，这包括但不限于学习指导、职业生涯指导、社交和个性成长指导、日常生活指导（如情绪管理、人际关系、青春期问题等）、自我认知辅导、应对挫折和冲突的辅导，以及适应困难的辅导等。心理辅导的核心理念是“助人自助”。通过这种辅导方式，可以增强参与者的自我认知、自我管理和行动能力，使他们学会如何有效地应对和解决各种心理挑战和生活问题，从而逐步走向成熟。

（一）个体心理辅导的应用

1.辅导前的准备

（1）选择适合的辅导场所

在心理咨询的领域里，存在一个“设置”的理念，即心理辅导应当在特定的环境、固定的时段以及相对恒定的患者数量中进行。如果咨询不是在专门的心理咨询室内完成，那么咨询的效果可能会受到严重影响。因为，在学生宿舍或教师的办公室里进行心灵交流和指导，可能会给人一种不够严肃或缺乏私密性的印象，这可能会妨碍学生敞开他们的内心。当前，众多高等教育机构都已经构建了针对大学生心理健康教育的三级网络体系，许多二级学院也配备了专门的小型心理辅导室，其中一些被称作“咨询室”“谈心室”“青年不设访室”等。当辅导员为学生提供心理辅导时，他们可以选择在学校内的标准心理辅导室，一个积极的咨询环境可以显著减少学生的反感和不熟悉的情感。

（2）选择适合的辅导对象

在心理辅导的实际操作中，不是每一位参与者都适合接受心理辅导，也不是所有的参与者都能获得辅导者提供的适当支持。仅当存在相互匹配的咨询关系时，当事人才能获得最大程度的支持和帮助。辅导者需要明确哪些当事人更适合进行咨询，哪些心理问题更适合自己，否则可能会导致效果不佳，甚至产生副作用。

从心理咨询的视角看，访客应满足以下四个基本要求：具有正常的人格、正确的动机、主动的行动意识以及良好的匹配性。心理辅导对辅导对象的要求有其相应的特殊性，主要表现在：

第一，那些有人格障碍的学生，并不是辅导员的心理辅导目标，因此需要迅速地进行转介。

第二,不良求助动机的学生。求助动机是指当事人期望能够通过心理辅导来解决他们所面临的问题。由于辅导员所扮演的独特角色,学生往往会主动寻求帮助,但也有辅导员注意到学生的行为异常,并主动寻求学生的反馈和帮助。当学生主动寻求帮助时,我们可以将其分类为两大类:其中一类是真心想要解决自己面临的难题;还有一种目的是通过寻求帮助来实现其他的功利目标,例如误导辅导员,为自己的旷课找心理辅导的借口,或者是希望通过辅导员获得勤工助学的职位或助学金,或者是诋毁他人以争夺评奖评优的名额。面对这些错误的寻求帮助的动机,辅导员不仅需要拥有敏锐的观察力,还应持有客观和中立的观点来进行指导和疏导。

第三,行动自觉,这意味着来访的学生能够主动地执行在辅导过程中得到的行为修正计划。显然,在纠正的过程中,反复是不可避免的,因为成长的痛楚和改变习惯的挑战,很容易导致来访的学生放弃,这就需要辅导员提供充分的精神支持和督促。

第四,匹配性好,这意味着来访的学生和辅导员之间的相互认同度非常高。当访问的学生的价值观与辅导员的个人价值观产生矛盾,或者他们的问题触及辅导员内心的脆弱和未解决的问题,或者两者在性格上有很大的矛盾,即他们之间的匹配度不高时,进行心理辅导可能并不合适。

2.辅导关系的建立

辅导员与学生间的师生互动在心理辅导关系的形成中起到了关键的作用。首先,心理辅导的实施是基于辅导员与学生之间已有的社会互动(包括正式和非正式的交往)。在辅导开始之前建立的师生关系将在很大程度上影响学生的求助意愿,并进一步影响辅导关系的形成。在一种"亦师亦友"的师生互动模式中,当学生面临难以解决的问题时,他们会主动寻求帮助。辅导员也能为学生创造一个轻松的成长环境,这不仅有助于提升学生的综合素质和完善其人格,还能促进师生关系的健康发展。为了在心理辅导中获得更好的成果,辅导员不仅需要在日常与学生的互动中投入更多的时间和精力，而且还需在心理辅导中巧妙地应用咨询方法。再者，辅导员与学生之间已经建立了较为深入的了解，这种深入的了解可以帮助辅导员更迅速地掌握学生的问题背景和个性特点，从而缩短心理辅导过程中的资料收集时间。然而，在心理辅导的过程中，如果辅导员不能认真听取学生的意见、识别真实的情况并及时纠正自己之前的错误观念，那么预先的了解可能会变成探索学生内心世界的最大阻碍。

3. 个体心理辅导的类别

高等教育机构的辅导员在进行心理辅导时，可以根据辅导对象、问题和目标的差异，将其分类为不同的种类，例如阶段性指导、解决疑惑、化解冲突、危机应对以及后续跟进等。下面重点介绍前三种类型：

(1)阶段指导类

大学辅导员在进行心理辅导时，可以根据学生的具体需求和问题来调整策略。大一的学生在面对新的集体、生活方式和学习特点时，由于理想、家庭背景、实际情况和经济差异等因素的巨大反差，可能导致某些学生在人格和心理健康上出现问题。特别是那些感到孤独、社交能力较弱的大学生，他们更容易出现网络自闭和心理障碍等问题。大二的学生主要面临情感上的困扰，这主要体现在他们对异性的喜欢和渴求，以及在恋爱过程中遭遇的感情困境。大三的学生面临的主要问题包括学业上的迷茫，有些人因为对先前成绩的不满而对未来感到过度担忧，还有一些人为了避免考研和就业，整天沉迷于网络。在大学四年级，许多学生都遭遇了就业的难题。这种严格的就业环境，再加上“学得好本领，不如有个好爸爸”和“奋力找工作，不如嫁个好老公”这样的不良观念，导致部分大学生开始对自己产生误解，变得焦虑、害怕、抑郁和烦躁。他们逐步失去了对生活的信心和对未来的期望，甚至有些人认为生活失去了真正的意义。

(2)解决困惑类

遭遇心理困扰的学生通常来自四个不同的背景：一是那些在进入大学之前就已经有一些心理问题的学生；二是那些存在上述某些阶段性心理问题的学生；三是，学生突然受到家庭突变或个人意外伤害，从而产生了轻微的应激性情绪障碍；四是，那些经历了各种困境，例如被同学议论、老师批评，甚至受到学校处罚，内心矛盾和冲突加剧，难以在短时间内得到缓解的学生。

(3)化解矛盾类

有些大学生在追求自由和个性的过程中，也显露出了他们的自私、任性和自我中心的言行。犯下错误后，我不想主动地承认；面对他人的批评，我也不会谦虚地接受。由于这些问题，同学们很容易产生冲突。

(二)大学生个体心理辅导实例

1.寻找生活的主旋律

案例5—1

小芳是一位即将进入大二的年轻女子，她的性格充满活力和乐观，日常生活中她热衷于参与各种活动，并且是社团活动的热心参与者。然而，在最近的一段时期里，小芳感到了一种迷茫，她突然觉得自己无法找到人生的正确方向了。小芳在大一刚开始时参加了新老生交流会，许多学长都建议她多参与社团活动。因此，在大一的这一年，她加入了多个社团，如演讲、舞蹈和志愿者活动等，但有时因为帮助社团组织活动，可能会导致上课时间的延误。除了上述情况，小芳还与几位同学提交了科研项目的申请，但由于缺乏足够的知识和经验，加上业余时间的压力，她不得不选择放弃。小芳在参与社团活动时，遇到了与她同年级的另一专业学生小桐，经过多次交往，两人逐渐产生了深厚的情感，并开始了恋情。然而，两个月后他们意识到两人在性格上存在很大的差异，因此决定结束他们的关系。起初，小芳认为她的初恋应该是热烈而热烈的，就像小说中描述的那样充满了甜蜜和曲折，但实际上，她的恋爱是如此的平静，可以用她自己的话来描述，就是在没有做好准备的情况下，谈了一段既不咸也不淡的恋爱。回想起那一年在大学的日子，小芳感觉好像付出了很多努力，但实际的成果似乎并不如她所预期的那么丰富。尽管每一天都显得特别忙碌，但当某项任务完成后，人们往往不清楚其真正的意图。小芳表示，她已经迷失了大学生活的方向，不确定自己真正的需求究竟在何处。她渴望能够通过辅导来重新找回真正的自我，找到她真正想要做的事情，从而使她的大学生活在多姿多彩的环境中变得更加有意义。

(1)案例分析

小芳在大学期间遭遇了一个主要的困境，那就是她失去了生活的方向，未能确定生活的核心目标。小芳进入大学之后，每天都过得非常忙碌，有很多事情需要处理。但当她完成任务后，常常发现得到的并不是她真正想要的，她却不知道自己真正想做的是什么。因此，大多数人只是随波逐流，按照他人的意愿行事，很少深入思考自己真正追求的大学生活是怎样的，这也导致了他们感到内心的空虚和困惑。

对自己的了解不足。小芳由于缺少对自己的深入了解，对自己的各种能力、价值观、长处和短处都知之甚少，因此她无法根据自己的独特性质和需求来有效地进行自我规划和自我调节。

(2)辅导要点

辅导目标：

协助小芳更深入地了解自己，明确她在生活和学习中的目标，并为自己的大学生涯设定短期和长期的目标。

辅导重点：

第一，使小芳在生活实践中认识自我。辅导员有能力帮助小芳从多个视角和方面去了解和认识自己，通过参与各种活动的经验来识别和掌握自己，并通过与同学进行比较来更好地认识自己，同时也能从他人的态度中更好地理解和把握自己；通过学习，我们可以更深入地了解自己的优点和缺点，从而对自己有一个更为客观和准确的认知。

第二，帮助小芳对自己进行正确的评价。正确的自我评价应该是既不过分夸大自己的优点和优势，也不过分贬低自己，而是将自己放在一个适当的位置，这样既可以看到自己的优点和优势，也可以看到自己的缺点和劣势。通过与小芳深入探讨她过去参与活动的经验和教训，我们希望她能够发挥自己的长处，避免短处，在逆境中看到希望和成果，并在取得成功时认识到自己的不足和缺点。

第三，让小芳为自己制定合适的长期目标、中期目标和短期目标。长远的目标是帮助小芳明确她的未来方向，并围绕这个方向制定中期和短期的目标，确保她在每个阶段都有明确且具有指导作用的行为计划和行动策略，这样她就能更接近自己的目标，并实现自己的价值。

2. 她想哭泣却总是勉强微笑

案例 5－2

小娴是一个 19 岁的女孩，就读于某大学的二年级，她居住在城市中，她的父亲是一名工程师，而她的母亲则是一名教师。在初三那年，由于父母的离异，小娴选择与妈妈同住。父母的离异给小娴带来了沉重的打击，但她不想让妈妈过于担忧，因此她总是尽力安慰妈妈。然而，在无人陪伴的时候，小娴却孤独地躺在小屋的床上，默默地流下了眼泪。由于与男友一周前的分手事件，心情低落的小娴走进了辅导室。

小娴的身材属于中等，面容清秀，长发披肩，给人一种温柔和乖巧的感觉。辅导员观察到小娴的眼眶发红和湿润，但她的脸上仍然挂着微笑。小娴和她的男友已经交往了两年，其中男友年纪比小娴大五岁，并且已经开始工作了。分手的理由在于双方都认为对方的性格并不和谐，因此选择了和平的方式结束关系。尽管小娴对这段感情有些留恋，但在理性上，她仍然认为应该结束这段关系。小娴描述自己的情感时，她的眼睛始终湿润，但泪水从未滑落，她的嘴角偶尔露出了微笑。分手之后，舍友曾试图安抚小娴，但小娴很少与舍友分享自己的伤痛，她更多的是与他们讨论这件事，努力与大家开心地玩耍和嬉闹。然而，当室友不在我身边的时候，我就会感到极度不适，并忍不住悄悄地流泪。如今，当我在自习室学习时，我经常不由自主地回想起男友，经常沉浸在深深的悲伤中，难以自拔。小娴急切地希望摆脱这种情感困扰，既不想让她的母亲和周围的朋友感到担忧，也不想对她的学业造成任何负面影响。

(1)案例分析

小娴面临的主要挑战是如何在失恋之后进行有效的情绪调整。小娴在应对这次失恋带来的负面情绪时，并没有依赖社会的支持，她始终告诫自己要保持坚强，不能让自己变得脆弱。包括在初中阶段经历的父母离异所带来的心灵创伤，都是我默默地承受和埋藏在心底，没有进行有效的情绪疏导和处理。

小娴存在认知上的误区。她对自己的诠释是："你需要坚定，你要展现出快乐的一面给每个人看。"因此，小娴习惯性地将自己的伤痛和不公深藏心底，不愿面对自己的脆弱和心痛。

(2)辅导要点

辅导目标：

帮助小娴释放和释放积压的情感，可以尝试寻求社会的支持，并学习一些情绪管理的方法，以更加开放和科学的方式处理负面情绪。

辅导重点：

第一，帮助小娴释放她心中积压的情感，如失恋的伤痛、对安慰的渴望以及对父母的不满和愤怒等。

第二，向小娴传授情感管理的方法，帮助她掌握如何应对负面情绪，并纠正她对情感的误解。

第三，协助小娴认识到社会支持的价值，并指导她如何去寻找这种支持。

第四，分配家庭作业，帮助小娴把学到的技能应用到实际操作中，使小娴的情绪管理能力得到提升。

3.敢问路在何方

案例 5－3

小华，一个 22 岁的男孩，就读于某大学的三年级，他的父母都是从事农业的，家庭经济状况不佳，并且他有一个妹妹。由于他即将寻找工作，但他不确定如何做出选择。

在辅导室内，小华显得稍显忧郁，坐下后便开始分享自己的不幸遭遇：他的父母时常发生争执，家中缺乏爱与温情。我的父亲性格比较内敛，不太擅长表达；我的母亲完成了高中学业，具有很高的上进心，并且性格比较易怒。我是经过一年的复读才成功进入大学的。原本打算报考另一所大学的会计专业,但因为无法说服母亲,最终选择了本校的人力资源管理专业。尽管小华成功地进入了大学,但他在大学期间并没有真正体验到自信和快乐,他对自己的专业也缺乏热情,没有明确的学习方向,并且在几个课程中都没有达到及格标准。小华觉得自己在多个方面都存在问题:学业成绩不佳,长相不够英俊,家庭经济状况也不佳。面临即将毕业的现实,他感到迷茫,不确定自己的未来方向,也不清楚自己究竟追求什么。他的母亲在最近几年选择在南方工作,而小华更倾向于留在北方的城市继续他的学业,因为他已经适应了这里的生活方式。他应该怎样面对这些挑战呢?

(1)案例分析

小华面临的核心问题是他在生涯规划上的不足,这导致了他在学习、生活和就业上都缺乏明确的方向和动力。

小华所面临的问题与家长实施的专制教育方式有着紧密的联系。在小华的家中,父亲的角色一直是个缺失之人,他很少对家里的事务发表意见,哪怕是简单的发言也并不能产生太大的影响。她的母亲性格火爆、专断,家里的所有事务都由她来决定。小华进入大学的主要原因是为了追求母亲的梦想。小华逐渐认识到,他选择上大学的真正原因并不是为了他自己,而是为了他的母亲。因此,在被迫做出选择之后,很难实现独立的生活规划。

(2)辅导要点

辅导目标:

协助小华进行自我探索,深入了解自己的内在需求、兴趣和价值取向,结合对自己的认识,科学地规划未来的职业生涯。

辅导重点:

第一,协助小华处理积压的情绪。小华因为早年的不良成长背景和亲子关系的不和谐,内心深处积累了大量的复杂情感。这些情感交织在一起,例如对于母亲的情感,既充满了爱意也伴随着怨念。我们需要认识到并接受这些情感的存在,并帮助小华应对这些情感。

第二，我们致力于帮助小华更深入地认识自己和他所处的职业环境，与小华探讨他的兴趣和特长，帮助他明确自己最感兴趣的领域和擅长的工作领域，并结合对外部职业世界的探索，帮助小华确定自己的职业方向。

第三，帮助小华挖掘内在资源，增强其自信心。

(三)辅导员心理辅导工作中特殊情况的处理

大学生的心理辅导与非高等教育机构的心理咨询和治疗活动有所不同，它更多地体现了学校教育和管理的独特性。无论是主动前来咨询还是辅导员主动进行面谈，当事人都应被视为工作的目标对象。大学生的心理辅导是大学道德教育的核心部分，但从其工作内容、目标、原则和方法等教育方面来看，大学生的心理辅导与传统的道德教育方法存在明显的差异。它具有很高的专业性，与专业的教学和行政管理有所区别，同时也与常规的事务管理和学生的思想政治教育任务不同。

调查结果显示，高等教育机构的辅导员在执行心理辅导任务时遇到了若干问题，具体来说，(1)辅导员在实际执行心理辅导职责方面表现得相当不乐观；(2)他们在心理辅导方面的知识和技巧是不足的；(3)系统的心理辅导训练是不足的；(4)对于从事心理辅导的工作，缺乏足够的自信；(5)高等教育机构的辅导员在职业心理健康方面仍有提升的空间。因此，对于辅导员而言，进行心理辅导无疑是一项既有吸引力又充满挑战的任务。

如今，大学生的心理健康状况逐渐成为焦点，社会对大学生心理健康教育的关注度也在不断上升。随着辅导员逐渐走向职业化和专业化，他们有机会获得心理咨询师的“中华人民共和国职业资格证书”，并有可能成为中国心理学会临床与咨询心理学专业注册系统中的心理师。这些成就无疑为辅导员提供了获得资格证书进行心理辅导工作的可能性。然而，在实际的职业环境中，我们也可能碰到很多不适合心理辅导的场景。面对这种情况，辅导员应该采用心理辅导的方式，有针对性地进行思想政治教育。

1. 非自愿大学生的辅导

辅导员，作为心理辅导的执行者，通过与学生在思想和情感上的深度交流和沟通，能够有效地疏导学生的负面情绪，协助他们提升心理素质。这样不仅可以培养学生良好的适应能力和坚定的意志，还能帮助他们保持和谐的人际关系，正确认识自我，并培养出一个完整和谐的健康人格。在辅导员的日常职责中，学生在遭遇心理难题时，并不总是寻求辅导员的帮助。那些通过其他途径，如心理健康调查、与家长、室友或班上同学的互动反馈的学生，在这里被称作“非自愿性当事人”。这种学生并没有寻求帮助的意愿，尽管他们不在心理咨询的领域内，但辅导这类学生确实是辅导员的责任。因此，在开始心理辅导工作之前，激发这类学生对心理健康的关注是一个必要的预备步骤。

2.“棘手”自愿性大学生

虽然心理辅导在人际交流和思想政治教育等方面具有普遍性，但要真正实现助人自助的目标，仍然需要具备专业的知识和技能，以及良好的个人品质。在进行心理辅导时，辅导员所能走的距离，直接决定了他们能带给当事人的距离。当辅导员无法有效地协助当事人面对复杂的问题时，及时地督导或转介是一种对当事人负有责任的行为和态度。

第二节　大学生团体心理辅导

一、大学生团体心理辅导理论

(一)团体动力学理论

团体动力学(Group Dynamics)是心理学家勒温(K. Lewin)所提出并建立的，其核心目标是研究团体成长的内在规律。该研究涵盖了团体如何形成和成长、团体内部的人际互动、团体与个体间的相互关系、团体内部的驱动力、不同团体之间可能出现的冲突、领导角色以及团体的行为模式等多个方面。他着重指出，作为一个由内部联系构建的体系，团体的影响和功能远远超过了那些不相关的个体。

勒温的场论构成了团体动力学的理论根基。场论采用物理学中“场”这一概念来阐释心理活动，他持有的观点是，人构成一个“场”，并且人的心理活动是在特定的心理场或生活环境中进行的。生活的领域涵盖了个体及其所处的精神环境。一个人的行为模式（B）是由他个人（P）与其所处环境（E）之间的互动决定的，这意味着，行为模式是基于他的生活领域来设定的。

勒温于1938—1939年与R.利皮特和R.怀特进行了一项关于民主和专制的团体气氛的实验研究，得出以下结论：

一是团结力是使某一团体稳定并抗拒分裂的重要力量；二是在独裁的团体中存在更高的紧张气氛；三是民主团体中的成员总是努力进行合作，并越来越要求提供和寻求合作；四是民主团体中的成员客观态度更多；五是民主团体中的成员积极性更高，表现为“我们需要”，而不是“我需要”；六是民主团体的结构更稳定，成员得到更大的发展。

勒温、李波特和怀特进行的一项关于“专制环境”与“民主环境”的研究显示，团队的凝聚力也会受到领导层工作风格的影响。通常情况下，民主性的小组往往更有成效，具有更强的凝聚力，小组成员对领导的态度更为友好，小组成员之间的分歧和干扰较少，活动的创新性也更为突出。相较于民主小组，专制小组在其活动中表现得更为放纵或冷漠，但在小组领导不在场的情况下，专制小组却展现出更为放纵的行径。在实验过程中，当有针对性地对各个小组发起攻击时，专制小组的士气明显下降，并表现出分裂和瓦解的趋势，而民主小组在受到攻击之前则表现得更为团结。此外，在这项实验里，勒温和他的团队还观察到了一个令人困惑且不寻常的情况，那就是孩子们从民主环境向专制环境的转变比从专制环境向民主环境的转变更为简单。

勒温与他的团队成员、学生们进行的其他实验也揭示了，团队成员对集体活动的热情、团队内部成员之间的互动频次以及他们的遵从性等因素，都可能对一个团队的凝聚力产生影响。

团体动力学不仅为团体心理辅导提供了坚实的理论基础，同时也为团体心理辅导过程中如何营造团体氛围和领导者的角色等方面贡献了宝贵的研究成果。团体动力学领域的某些研究，例如敏感性训练，已经成为团体心理辅导的主要方法和技术，并在教育、管理和医疗等多个领域得到了广泛应用。

(二)社会学习理论

社会学习理论(Social Learning Theory)是米勒(N. E. Miller)和多拉德(J. Dollard)所提出的理论。他们主张使用社会刺激来替代物理刺激，并采用刺激回报和强化的核心理念来阐释人们的模仿行为。后续，Albert Bandura(班杜拉)从认知过程的视角对社会学习理论进行了拓展，她主张将基于直接和间接经验的学习相结合，以解释人类学习的本质。

社会学习理论主张，个体的行为模式并不是由其内在的动机、本能或特质等因素所决定的，而是受到个体与其所处环境之间相互作用的影响。

一是强调观察学习在人的行为获得中的作用。普遍认为，人们的大部分行为模式是通过观察他人的行为和其结果来习得的，而通过观察和学习，人们能够迅速地掌握更多的行为模式。

二是重视榜样的作用。通过观察和学习，我们可以了解到人们的行为模式。然而，行为的具体表现和所获得的行为成果，很大程度上依赖于一个好榜样的引导和影响。榜样的吸引力、奖励的存在与否、榜样行为的复杂性、榜样行为所带来的后果以及榜样与观察者之间的人际交往都会对观察者的行为产生影响。

三是强调自我调节的作用。一个人的行动不仅会受到外部行为后果的制约，更为关键的是，它会受到由自我触发的行为后果，也就是自我调节机制的作用。自我调节主要是通过设定明确的目标和进行自我评估，从而激发动机功能来调整行为模式。

四是重视自我效能感。一个人在面对各种情境时的自信水平，在人的主动性中扮演着至关重要的角色。这将决定一个人是否愿意面对困难的情境，应对困难的程度，以及面对困难情境的持续性。当一个人对自己的能力抱有很高的期望时，他在遭遇困境时通常会毫不犹豫地前进，愿意付出更多的努力，并坚持更长的时间；当一个人对自己的才能感到不自信时，他可能会经历焦虑、不安和逃避的情绪。因此，转变人们的逃避行为并培养较强的自我效能感变得尤为关键。

社会学习理论指出，人们通常是通过观察和模仿他人的行为来学习和形成一种新的行为模式，特别是通过观察和学习人们在社会生活中的各种行为。无论是攻击性的行为还是适应性的行为，都是这样。如果集体的领导者能够为那些心理适应困难的询问者展示多个可供模仿的范例，那么这将有助于这些求询者改善他们的不适应行为。

（三）团体中的人际沟通理论

人与人之间的沟通是通过言语或非言语的符号系统来交流观点、传递思维、传达情感和需求的过程，它是人与人之间交流的关键方式和基础条件。在人与人之间的交流中，信息传递、人与人之间的和谐、对自己的认知以及心理健康都起到了关键作用，这也是人们适应社会和塑造完整人格的核心路径。团体辅导实际上是一个人与人之间的交流过程，深入了解人际沟通的理论可以帮助我们更好地理解和掌握团体的成长轨迹，从而为团体的进一步发展提供有力的指导。

人际交往的研究领域相当广泛，它为团队辅导中的成员间的互动、提高沟通效率、避免或降低交往中的困难，以及建立健康的人际关系提供了众多宝贵的建议；同时，也为团体领导者选择团体沟通方式、观察并指导成员的沟通和协调团体间的人际关系提供了具体的方法和技巧。[①]

关于沟通的通用模式，最初的研究是由申农和韦弗提出的数学模型。他们建议首先由一个信息源发送各类信息，然后通过信息传送者或转换器转化为可接收的信号，接收器接收后将其转化为信息，并将其传送至目标地点。除此之外，还引入了噪音这一概念，它指的是在信息传播过程中

① 向群英.高职高专女生人际关系交往的团体心理辅导研究[J].教育研究与实验，2009(8).

出现的各种形式的干扰和阻碍，并随后引入了反馈机制。拉斯韦尔，一位来自美国的心理学家，提出了一种被称为“5W 模式”的沟通方式，包括信息的传递者（即谁）、信息的内容（即说什么）、传播的媒介（即渠道）、信息的接收者（即给谁）以及沟通的效果。

巴维拉斯构建了一个团体间的交流网络，这是一个团体成员间相对稳定的交流方式。后续，莱维特选择了一个由 5 人组成的小团队作为他的研究目标，他观察到了团队内部沟通的各种模式，包括圆形、链状、Y 形、轮状和全通道形态。各种不同的交流手段在信息的传播速度、团队氛围、领导的角色以及成员之间的互动上都展现出各自的特点。徐西森持有的观点是，团体心理辅导是否能够实现既定目标，与团体之间的沟通情况有着紧密的联系，因此，团体的领导者需要深入了解如何建立一个高效的团体沟通策略。

二、大学生团体心理辅导的过程

团体可以被视为一个持续变化的有机体。一个团体从其初始阶段到最后的终结，通常都会经历数个发展和变革的时期，这些时期既是前一时期的延续，也为后续的发展奠定了基石。团体心理辅导的实施是一个不断变化且复杂的过程。

（一）团体辅导前的准备阶段

俗话说得好，“磨刀不误砍柴工”，在团体形成之前的准备工作是整个团体发展过程中最关键的一步。只有通过全面而扎实的前期准备，团体辅导才能顺利且成功地进行。

1. 确定团体目标和性质

（1）确定团体目标

组织集体心理辅导的原因是什么？这个团体的主要职责和功能是什么？集体的目的是推动个性的发展、进行敏感性的培训或者是治疗性的？目标的明确性和可测性是否达标？我们期望达到何种效果？在开始组织和执行团体心理辅导时，这些都是需要考虑的关键问题。由于目标的差异，团体心理辅导所选择的策略和活动方式也会有所不同。

在确定团体的目标之前，领导者需要广泛地搜集各类信息，深入了解成员对团体的具体需求，参照相似团体的策略，并考虑到社会和文化背景等多种因素。基于此，我们需要明确团体的普遍目标、具体目标以及每一次团体交流的目的。在这之中，普遍的目标涵盖了所有团体心理辅导所追求的目的，例如促进心理健康、培育与他人和谐相处和合作的技巧、深化对自己的认识，以及增强团体之间的凝聚力等。所谓的特定目标，是指各个团体在心理辅导中所追求的明确目标，例如帮助成员认识到自己的长处和短处。随着团队的成长，每一次的见面目的都会有所不同，例如结识新朋友、建立更多的信任、进行自我探索、分享信息以及解决问题等。

(2)确定团体性质

此外，我们还需要根据各种不同的标准来确定团体的性质，包括是结构式团体还是非结构式团体，是开放式团体还是封闭式团体，是同质团体还是异质团体，以及是发展性团体、训练性团体还是治疗性团体等。

2. 确定团体的规模

一个团体的大小直接反映了它的规模。一个组织的规模取决于该组织的目的、种类、成员的成熟程度以及其领导者的经验。当团体规模相对较小的时候，成员们会有更多地参与和互动，这样更容易培养出亲密感。然而，如果团队规模过小，可能会导致团队资源受限、活动内容不够丰富、成员之间的互动范围受限等问题，这可能会让团队成员感受到压力、单调和紧张。当一个团体的规模扩大，其资源会变得更加丰富，成员之间的互动也会增强，由于其匿名性增强，成员间的关系也会相对轻松。然而，如果组织规模过于庞大，那么团队的领导者将很难真正关心每一位成员，这将减少成员之间的互动和分享机会，同时在讨论原因、解决问题和学习技巧时也可能显得过于肤浅，从而导致团队的凝聚力减弱和活动成果不尽如人意。

那么，一个团体应该有多大的规模才是合适的呢？通常情况下，以提供指导或信息传播为主要目的的组织的成员数量可以稍微多一些，而成长性或治疗性的组织成员数量则不应过多，儿童团体的容纳能力相对于成人团体来说是有限的。在这之中，5～8 人组成的团队是比较常见的。

3. 确定团体活动的时间安排

团体活动的持续时间、每隔几天的会面次数，以及每次会议的时间和持续时间，都需要根据团体的特性、目标、参与者的背景和领导者的经验来决定。如果团体活动的频率过低，每一次活动之间的时间间隔过长，或者活动的时间安排不恰当，这些因素都可能对团体辅导的成效产生不良影响。如果团体的活动期限过短，那么成员将难以全面参与，也将难以完成团体计划所规定的各项任务；如果期限过长，可能会导致人们感到疲惫和厌烦。如果聚会的时间间隔过长，将无法保证团体的连贯性；而如果聚会频率过高，则会消耗成员过多的时间，同时也不利于成员对团体内的感受和冲击进行深入的反思和讨论。如果每一次的讨论时间过短，团队成员将无法进行充分的互动和深入地讨论，而如果时间过长，则将难以保持团队的集中注意力。一般来说，团队活动需要进行 8～15 次，每周进行 1～2 次，每次持续 1.5～2 小时。针对儿童和青少年组成的集体，聚会的频率和持续时间需要相应地减少。

4. 选定团体活动的场所

环境构成了团体辅导活动的一个组成部分，一个优质的团体氛围不仅能让成员感受到被尊重和关心，还能帮助他们建立地理位置的认同感。团体活动场所的核心要求包括：确保团队成员不被分散注意力；确保团队成员感受到安全；拥有充裕的空间以便于身体活动；这个环境给人一种舒适和温暖的感觉，有助于保持情绪的稳定和放松。简单来说，它代表了隐秘、亲密、舒适和专注的特质。更明确地说，房间的尺寸应当恰到好处，过大的房间会显得过于空旷，给人一种距离感；过小的空间会使人感到内心的空虚，容易产生焦虑感，同时也限制了团体活动的进行。房间的温度应当适中，确保空气流通，同时隔音效果要出色，避免受到外部干扰。座位的布置最好是围绕成一个圈，避免形成视线的死角，这样可以方便地进行面对面的交流。在选择椅子时，应确保它们是独立的、可以移动的和舒适的，如果条件允许，也可以选择坐在地上或垫子上。

5. 团体辅导的设计

明确团体活动的各个子目标，活动的具体内容和方式，所需的时间、工具和所需材料，并提供详细的计划书。通常情况下，一个结构化的团体计划应该涵盖以下10个核心内容：团体的命名；团队的主要领导；关于拟招募的成员，我们需要了解其性质、参与人数以及如何进行筛选；集体活动的时间表；该团体的核心思想和其基础；集体的目标设定；团队的评价方式；所谓的团体过程表，是指各个活动中的单元名称、目标以及计划中的活动名称；集体单位的规划方案；此外，这还涵盖了团体的宣传活动、预算编制、参与团体的契约文件、评估工具以及其他相关的信息，例如在活动中使用的图表、文章等。整体的团体辅导计划必须满足五个核心要求：计划的合理性、目标的明确性、操作的可行性、过程的发展性以及团体效果的可评价性。

6. 甄选成员组成团体

(1)明确团体的目标服务对象

在策划团体心理辅导的过程中，团体领导者应依据团体的目标来明确他们的服务受众。考虑到团体心理辅导的独特性，想要成为团体的一员，成员需要满足以下三个基本要求：主动报名，并持有改变和成长自己的意愿；具备与他人沟通的意愿，并拥有与他们沟通的技能；对于团体的目标持有认同态度，能够持续地参与团体的所有活动，并严格遵循团体制定的规定。

(2)团体成员的招募

招募的方法有很多种：可以选择从已存在的机构名单中进行招募，或者是通过邮寄、张贴海报或公告板进行公开招募，或者是与学校、医院、青少年中心等相关的组织或部门进行联系，或者是通过电视、报纸和杂志等媒体进行宣传招募。

(3)团体成员的甄选

鉴于不是所有人都适宜加入这个团体，并且只有当团队成员之间的合作得当，才能带来正面的影响，因此，被招募的成员还需经过严格筛选后才能正式成为团体的一员。通过选拔过程，领导者有机会与申请人进行一对一的沟通，以确认他们加入该团体的意图和目标，进一步了解他们的个性特点，并据此判断他们是否适合成为团体的一员。同时，该团体的目标、职能、准则、内容和运营等相关问题也被明确告知了申请人，由他们来决定是否成为团体的一员。

成员的甄选方式主要有两种：

一是面谈方式。面谈是甄选团体成员的常用方式。

二是筛选书面材料。当时间和精力都受到限制时，也可以通过书面资料的方式进行筛选，即由领导者提出问题，并通过邮件或其他途径发送给申请人，邀请他们回答，或者使用测验工具和问卷来选择最适合作为团体目标的候选人。

鉴于各个团体的训练辅导参与者、目标和活动形式都存在差异，因此，每一个团体的辅导过程都会有其独特的发展轨迹。然而，不管是哪种形式的团体辅导，基本上都分为五个主要阶段：团体的初始阶段、过渡阶段、规范化阶段、实际工作阶段以及终结阶段。

(二)团体的初创阶段

团体的初始阶段指的是从第一次与团体的见面到团体正式成立的这段时间。在这个阶段，成员开始对团体产生认同感，这也是领导者与成员、成员与成员之间初步建立相互关系的关键时刻。因此，在整个团体的指导过程中，这一时期通常是最具挑战性和最具挑战性的。

1. 团体初创阶段的特点

当团体刚开始运作时，其领导和成员都充满了期望和担忧，特别是对于后者。那些彼此不认识的人，他们的内心充斥着极端的情感。从一方面看，他们对与他人的互动和沟通充满了渴望，他们非常想了解团体内部可能会发生的各种情况，团体是否有能力帮助他们实现他们的目标，他们应该如何行动，团体中其他成员的背景和所面临的问题是什么，以及领导者会如何进行指导等等。从另一个角度看，人们可能会感受到安全感的缺失、深深的恐惧和焦虑，害怕不被他人所接受，因此他们在行为上可能会展现出犹豫、自我保护、礼貌、持观望态度、受限制、沉默且笨拙，以及对领导的过度依赖等特点。通过多种语言和非语言的互动方式，成员们开始相互了解、交往，并努力寻找与他人的共同点和共通之处。然而，这样的互动往往是小心翼翼和探索性的，很少会轻易地暴露自己的真实面貌。

2. 团体初创阶段的任务

在这个时期，团队成员最迫切的心理需求是感受到安全。作为领导者，他们的核心职责是通过多种途径促进团队成员之间的相互交流，从而加深成员间的了解和认识；明确该团体所追求的目的；明确阐述领导与团队成员所扮演的角色；制定集体的行为准则；打造一个安全且充满信任的集体环境。在这个时刻，领导者不仅是连接各方的人，同时也扮演着示范者的角色。

3. 初创阶段的活动

在这个阶段，我们应该选择那些可以增进成员之间的了解和交流的游戏或活动，以减轻紧张的氛围，并帮助成员建立互信。在实际操作中，我们经常借助“刮大风”“找朋友”和“棒打无情人”这样的活动作为起点，这是一个非常关键的步骤，有助于在最短的时间里促进成员之间的相互了解和更好地融合。

4. 团体规范的建立

团体规范是一组由团体成员通过集体讨论制定并严格遵循的规章制度和行为准则。它确保了领导者和成员之间的相互尊重和合作，为团体辅导活动提供了顺畅的环境，同时也是团体治疗的强大手段。标准的内容通常涵盖了诸如保密、守时、真诚坦率、相互负责、参与的原则、听取他人意见、避免人身伤害等方面，同时也可能包含基于团体独特性所制定的特定规范。

（三）团体的转换阶段

从一个团体最初的建立到它进入工作阶段，这段时期标志着团体的转型过程。这是一个充满挑战的阶段，如果管理不当，团队可能会停滞不前。

1.转换阶段的特点

在团队的转型过程中，随着成员间的交流和互动逐渐加强，他们不再仅仅满足于展现“公共我”的一面，而是开始渴望分享真实的感受和思考。然而，他们仍然对团队的安全性和可靠性感到不确定，对于离开安全区进行深入的冒险仍存在疑虑、紧张和挣扎。团队成员之间的矛盾心态相当普遍。一方面，他们担忧自己可能不会被他人所接受，为了避免受到伤害而选择隐藏自己；另一方面，他们也希望摘下面具，全身心地投入，做出承诺，并努力确定自己在团队中的地位。在这种情况下，一个团体可能会遭遇各种防御性的反抗，例如缺席、保持沉默或退缩等，他们可能会经历各种形式的控制和权力斗争，从而产生各种形式的冲突，如成员间或成员与领导之间的矛盾。这一过程具有深远的意义。当一个团体经历并超越了冲突，它将步入一个稳定、安全、团结和高度参与的新时期，就像一个人只有在经历了青少年的叛逆和疯狂阶段后，才能真正成熟一样。

2.转换阶段的任务

在这个阶段，团队成员最迫切的心理需求是得到真正的认同和归属感。作为领导者，他们的首要职责是理解和接受团队成员的负面情绪，并妥善处理他们的焦虑和期望；协助团队成员理解自身的防御行为和心理状态，并将其转变为有益的行动；明确冲突的实质，并帮助成员公正地解决这些矛盾和冲突；以坦率和直接的态度来应对和解决团队成员所面临的问题；营造一个既安全又充满支持的氛围；降低团队成员对领导层的依存程度；鼓励成员肩负起团体成长的职责；鼓励团队成员更深入地进行互动，激励他们真实地表达自己的情感，从而增强团队的凝聚力。

3.转换阶段的活动

在这个阶段，主要的工作焦点集中在团队的容忍度和解决矛盾的方法上。作为领导者，他们需要巧妙地运用各种游戏和活动，如建立价值观、信仰和角色扮演，来协助团队成员解决价值观上的困境和冲突，增强彼此的信任。同时，他们还应鼓励团队成员讨论与当前情境相关的话题，表达自己的内心感受，并积极地回应他人的反馈，以确保团队能够顺利地进入一个成熟和和谐的发展阶段。比如说，像价值拍卖和鳄鱼河这样的游戏能够帮助团队成员更清晰地认识到自己的价值观并修正他们的信仰；冰海沉船这款游戏能够激发团队成员之间的互助和合作精神。

(四)团体的工作阶段

当团体成功地经历了以冲突为核心特点的转型时期后，它便步入了处理成员核心问题的成熟阶段，也就是工作的成熟时期。

1. 工作阶段的特点

在这一时期内，该团体的组织结构保持了基本的稳定性，形成了强烈的团结和信赖，营造了一个安全和温馨的环境，并建立了高效的管理策略和解决矛盾的手段。该团体的成员充满了强烈的归属感，他们对团体的目标有着共同的认同，相互之间充满了接纳和关心。他们没有任何防御，而是主动地展示、分享和回馈自己，同时他们改变的意愿也更加强烈。他们愿意真诚和认真地去探索和解决问题，主动地利用团体资源来实现自助和互助的目标。团队成员对于领导者的依赖度有所下降，领导者的位置也从靠近核心逐渐向外围转移。

2. 工作阶段的任务

在这个时期，团体和个人的目标都在达成，而领导者的核心职责是满足这些团体和个人的需求，并帮助他们解决各种问题。具体措施包括：保持团队之间的积极互动，并通过工作人员的示范和指导，使得成员之间的行为和互动变得更加高效；助力团队成员在集体经验中进行认知的重塑；协助团队成员将他们的理解转变为实际行动；我们鼓励团队成员去实践或尝试新的行为模式，希望这能在未来更广泛地融入我们的日常生活中；进一步深化成员间的互助与支持；协助团队成员明确问题，通过深入地分析和诊断，设定合适的目标，并整合团队资源，共同制定并执行各种解决方案和评估策略。

3. 工作阶段的活动

在这一时期，集体活动的模式和内容呈现出丰富的多样性，这些活动通常会根据辅导的目标、问题的种类以及参与对象的不同而有所区别。某些组织通过参与各种吸引人的活动，例如个人探索、团队互助、思维碰撞等，以及活动结束后的互动和分享，来促进团队成员的个人成长；某些组织主要通过举办讲座、组织讨论、撰写个人感悟以及撰写日记等多种方式来进行活动；某些组织选择了自由对话的形式；某些组织主要是通过行为培训和角色模拟等多种方式来进行活动；某些组织选择了一系列不同的活动模式。例如，在由社交恐惧症患者构成的集体中，通常首先会有领导者系统地传授社交恐惧症的相关知识，接着通过深度的讨论来了解病情、分析其原因，并寻找可能的解决方案。

（五）团体的结束阶段

团体辅导在问题解决和目标达成之后，也就是该结束的时刻，但团体的结束不是一个突然停止的时刻，而是一个动态的过程，可能是最后一次见面，也可能是最后两三次或者更多，所需时间的长短取决于团体的性质和特点、团体过程的长度、成员对团体的投入程度、成员离组后的安排等因素。在结束阶段，这是一个充满挑战且需进行大量操作的阶段，此阶段的团队经验对于团队辅导的效果起到了决定性的作用。

1. 结束阶段的特点

当进入尾声时，由于即将的分离，团队成员之间的情感产生了冲突。从一方面看，他们体验到了许多积极和正面的情感，例如感受到团队的温馨、真挚和信赖，他们经历了个人的进步，并急切地希望在未来的生活中实践从团队中学到的知识和经验；从另一个角度看，团队成员也可能产生负面的情感反应，这包括对团队的不舍，感受到被遗弃和失落，对外部世界的忧虑，以及否定、逃避和行为上的退步等。随着时间的推移，团体的组织结构逐渐变得不那么紧密，其影响力和规范的制约性都在逐步下降。在这个团体中，成员之间的互动的频次和强度都在减少，部分成员为了避免分离给自己带来的伤害，选择逐步退出，不再沉浸在情感中，或者选择提前结束自己的活动；一些人开始把一部分精力转移到外部环境，以便更好地适应他们的日常生活。当然，也存在一些组织会持续保持严格的组织结构，直到该组织解散为止。

2.结束阶段的任务

在这个阶段，团队成员需要总结自己的团队经验，并与团队成员告别。为了让团体辅导达到一个完美的结束，领导者必须深入了解并妥善处理团队成员之间的分离情感，并为他们的分离做好心理上的准备；仔细回顾整个团队的工作流程，并帮助团队成员进行个人评价；助力团队成员保持并进一步稳固他们在团队中的学术成就；助力团队成员将所掌握的知识运用到日常生活中，确保变革和进步持续进行；负责处理尚未完成的任务，并安排后续的跟进工作；对团队的工作效率进行评价。

3.结束阶段的活动

对应于该阶段的任务，结束阶段常采取的行动有：

(1)了解和处理成员的分离情绪的活动：激发团队成员的情感，激励他们充分地表达自己的情感，并让他们明白团队终结所带来的积极和积极影响；指导团队成员为未来的生活制订合适的计划，并将注意力集中在对未来美好生活的期望上。告别仪式可以通过如“明天会更好”“我的未来愿景”和“递纸条”等多种活动来进行。

(2)保持成员的变化，巩固已习得技巧的活动：通过模拟的方式进行练习；肯定的正向体验；积极寻找外界的资源援助，并确保后续工作的顺利进行；鼓舞团队成员保持独立性。

(3)协助成员将所学应用于现实生活的活动：引导大家探讨未来可能出现的各种情况，以减轻成员对未来的忧虑；制定实际有效的行动方案，以适应不同的外部环境，并实现从团体内部到团体外部的平稳过渡。

(4)处理最后的离别活动：讨论并分享愉悦的体验和感受；帮助团队成员回顾他们在组织内所取得的成绩；活动以送别、总结、联谊、反对省会、大团圆等多种方式告终；祝愿和告别；请确保信息的保密性；征集反馈和建议。

(5)为走进现实生活做准备的活动：在团队成员离职后，共同规划安排，寻找合适的资源来帮助他们应对不被支持的情境，并助力他们培养独立解决问题的技能。

(6)团体结束阶段的评估活动:评估主要集中在结果性方面,涵盖了领导者的自我评价、团队成员的自我评价以及观察员或督导人员的评价这三个维度。在这之中,领导者的自评主要集中在领导的内容和过程上,而成员的自评更多地关注团体目标的达成、成员在团队中的体验和团队的工作效率,观察员的自评则更多地关注对成员的观察和对团队工作效率的评价。常见的评估手段包括发放问卷或评估表、进行面对面访谈、记录领导者的集体活动、进行心理测试或比较量表的前后数据。

团体辅导在某些情况下可能会因为各种难题和挑战而被迫提前结束,例如成员对团体的兴趣减退、成员之间出现的无法和解的冲突,或者某些成员或领导者因某些原因退出团体。在这种情况下,我们必须进行周全和合理地处理,以避免突然终止可能给团队成员带来的新挑战。

(六)追踪

追踪指的是在团体活动结束后的一段时期(例如三个月或半年之后),对团体成员进行跟踪,以了解辅导的实际效果。作为领导者,他们既可以选择团体形式的跟踪辅导,也可以安排一对一地单独跟踪访谈或电话对话,或者是将这两种方式结合在一起。这为领导者创造了一个平台,使他们能够更深入地评估团队的工作效果,同时也为成员提供了一个反思团队对自己和其他成员产生的实际影响的机会,并从中获得实际的激励、指引和所需的资源。

上述各阶段的分类并不是固定不变的,每个团体的成长阶段和路径也各不相同。因此,领导者在制订和执行活动计划时,应根据他们所领导的团体的实际发展情况,而不是仅仅局限于自己心中的团体发展模式。

三、大学生团体心理辅导中的领导

(一)领导与领导者

1. 领导

从团体动力学的视角出发,领导(leadership)可以被定义为具有特定权力和地位的个体或团体，他们通过自己的行为，为他人或组织提供方向，并在特定的条件下达到特定的目标。它涵盖了两个方面，第一个是领导流程，第二个是负责执行特定职责的领导者。

2. 领导过程

领导的过程是由领导者、被领导者和团队环境三者共同作用的结果。领导者在组织和运营团队时，不仅能够激发团队成员的潜能，还能改变他们的观点、价值观和行为习惯。同时，团队的氛围、成员的行为和动机也会对领导者的决策产生影响。因此，这不仅是一个相互影响和交换的过程，也是一个追求目标和完成变革的过程。

3. 领导者

领导者不仅是对他人和团队有深远影响的个体，而且是领导活动中的核心环节。在一般的团体里，通常会有一名或两名经过专业培训并具备充分能力的领导者。他（们）利用权力的影响和非权力的影响，引导团队朝着特定的目标前进，并在其长远规划和评估过程中展现其影响力。作为领导者，他们的核心职责是：积极激发团队成员的参与热情，并鼓励他们之间的沟通与交流；适当地参与并给予适当的指导，始终确保引导团队活动朝着团体心理辅导的目标方向前进；当团队成员对某些情况感到困惑或对某个议题有过大的分歧，从而妨碍活动的顺利进行，应给予适当的反馈和阐释；营造一个充满温暖、理解、同情和安全的环境，以促进成员间的相互尊重、接纳和关心。

（二）团体领导者的素质要求

团队活动的成功与否，很大程度上依赖于领导者与团队之间的有效互动。为了有效地领导团队，领导者需要满足一系列的标准和要求。这些要求可以概括为以下四个方面：

一是在自我关系方面：拥有强烈的个人安全感；深入理解每个人的价值观念；一个健康的个人形象，敏感的自我认知，对自己的了解、接受以及对自己的尊重和自信；对自己的肯定、尊重以及赞赏；个体之间的和谐与内外统一；愿意主动去了解和应对个体的需求；持续地追求成长，不停地扩大自己的眼界，并持续地对自己进行探索。

二是在人我关系方面：对他人有好感；真心地关心他人的福祉；在与他人交往的过程中，始终保持对他们的尊重和信任；具备与他人在情感、反应、情感和言辞上产生共鸣的能力；他擅长传达自己的情感，并具备构建和谐关系的技巧；具有灵活性、和缓的性格，以及开放和坦率的态度；具有客观性、诚实性，并且是值得依赖的；具有耐心与敏锐地感知；在权威地位上感到舒适，并对自己的领导才能持有信心。

三是在知识能力方面：作为团体的领导者，他们必须拥有人类行为科学的知识，并对人性中的基本矛盾和困境（例如罪恶感、个人价值观、恋爱关系、死亡等）持有深入的理解和应对策略；精通各种辅导理论以及实际操作技巧，包括但不限于理性情绪行为疗法、现实治疗方法和行为疗法等；掌握与主题相关的知识，并利用这些知识激发讨论，明确疑问或分享观点；他们拥有出色的计划和组织能力，能够以团队的兴趣和收益为导向，同时也展现出独特的个人价值，来策划一次或多次的会晤；拥有丰富的人际交往经验，并能深刻理解团队中的各种人物；拥有针对个体和集体的个别辅导实践经验，并能为他们提供相应的辅导。

四是其他积极特质：充满活力、愿意探索新的领域、拥有无畏的勇气、愿意付出努力、充满自信、持有坚定的观点、具备创新精神、责任心强、持乐观态度、对工作充满热情并保持情绪稳定。

（三）领导团体的基本技巧

1. 反应的技巧

当团队成员发送信息时，领导者需要有敏感的洞察力和适当的反应，这将有助于建立良好的团队关系，激励团队成员的开放性和表达能力，并鼓励他们进行自我探索。

（1）积极倾听

作为领导者，他们通过对成员在生理和心理上的集中关注和倾听，主动地接收来自成员的口头和非口头信息，以便更好地理解成员的真实想法和情感，同时也营造了一个充满尊重和信任的环境，以激励成员更加开放和主动地进行自我探索。

(2)澄清

当团队成员传递的信息存在缺失、不清晰或过于复杂和混乱的情况时，领导者有能力通过澄清来理解和掌握团队成员言外之意和思考的核心，尤其是他们内心的困惑、矛盾和无知，从而帮助团队成员更明确、更具体地表达他们的观点，并找出问题或困惑的核心。

(3)摘要

当团队成员之间的交流进展到某个特定的阶段，或者团体聚会结束后，领导者可以用简练而深刻的文字整理和总结所收集到的信息和观点，并将其反映在团体内部，以便更好地把握焦点和记忆。这样做不仅能增强团体的稳定性和意义感，还能引导团体走向正确的方向，避免在讨论过程中陷入混乱或零散的状态。

(4)同理

领导者需要深入了解团队成员的情感、需求、经历和思考，并通过简单的语言和情感反应来传达这些理解和感受，这样可以使团队成员感受到被尊重和理解，从而增强他们对领导者的信任，并鼓励他们继续自我探索。这意味着领导者需要舍弃他们的参考框架和文化背景，努力实现价值观的中立性。

2. 互动的技巧

通过互动技巧，领导者可以更有效地控制和指导团队之间的互动，从而使这种互动变得更加有效和有建设性。

(1)催化

领导者通过一系列的领导活动，帮助整个团队以及成员之间进行明确而直接的互动，从而消除团队沟通的障碍，培养出有效的团队动力。催化组织的实施方法包括：创造一个安全且友好的环境，以促进成员之间的相互信赖；帮助团队成员传达他们的忧虑、失落、害怕等消极情感；我们鼓励团队成员公正地阐述他们之间的矛盾与冲突；邀请团队成员加入这次活动；降低团队成员对其领导的依赖性，并激励他们展现更多的开放性；

当团队成员进行分享的时候，也会协助其他团队成员提供所需的支持；合理地利用团队的"热身"活动。

(2)联结

领导者有策略地整合成员的各种信息，尤其是那些成员尚未意识到的部分，巧妙地将成员的共同情感或观点连接起来，从而增强他们之间的归属感，并鼓励成员重新审视自己的观点和经历，使得交流和探索变得更加有价值。

(3)反馈

领导者在面对成员的行为或成员间的互动时，应该基于自己的观察和理解，及时作出真诚和具体地回应。他们也可以邀请成员提供反馈，这样做的目的是提高当事人的自我意识，帮助所有成员变得更加开放，并在团队中获得更多的支持和力量。

(4)支持

当团队成员在表达观点或展现出正向或负向动力时，尤其是当他们分享自己的深层次情感、探索痛苦经历或尝试冒险行为时，领导者应当及时提供支持，营造一个和谐的团队环境，减轻成员的焦虑和担忧，激发他们的自信，鼓励他们继续探索，并在学习、迁移和人际交往中起到示范作用。

(5)解释

当团队的动力已经建立、领导关系已经形成、对问题有了深入的了解或获取了充足的信息后，领导者可以尝试用探索性的方法对团队成员的某些行为、思维或语言进行解释和阐述，这有助于打破当前的僵局，推动团队动力的进一步发展，激发成员的自我探索精神，并为他们提供新的观点和思考路径。

(6)设限

为了确保团体的高效运作并避免偏离既定目标，领导者需要明确界限，对团体的共同和个人行为进行规范，并为团体提供一个明确的结构和方向，确保成员的行为都是基于明确的指导原则。

(7)保护

为了保护团队成员不受不必要的身体和心理伤害、指责或攻击，领导者需要始终警觉于团队中可能出现的各种危机，并实施必要的安全措施。当某个成员受到不平等的待遇时，领导有权介入并提供保护。当然，保护措施也不应过分，以避免妨碍团队之间的互动，并减少成员进行自由实验和独立成长的可能性。

(8)阻止

当团队成员展现出长篇累牍、絮絮叨叨、过度提问、对团体规范的否定、对他人的攻击、言语干扰、不恰当的支持、泄露机密或侵犯个人隐私等不当行为时，领导者有责任以敏感、温和、坚定和直接的方式，无论是口头还是非口头的方式，来制止这些可能妨碍团队和成员成长的有害行为。

3. 行动的技巧

这种技巧被应用于引导领导团队的前进方向，帮助团队成员行动起来、解决各种问题和困惑。

(1)目标设定

作为领导者，他们需要帮助团队成员设定明确、实际、有价值且可以评估的目标，并与团队的发展动力相结合，设定短期的目标，确保团队成员能够集中注意力于团队行为，并准确掌握团队的发展方向。

(2)发问

领导者采用开放的语言结构，有针对性地询问团队成员的情感、经历和行动，帮助他们思考自己的看法和一些之前未曾预料到的事情，并鼓励他们深入探索自己行为背后的意义和原因。

(3)对质

当领导者在某些特定情境中，对团队成员的行为、经历或情感产生分歧时，他们会直接提问或提出疑问，这是为了挑战团队成员的否认、逃避、矛盾和自我毁灭的态度，从而鼓励他们更加真实地面对和探索自己。对质是一种建立在关心之上、具有建设性的挑战，而非一种惩罚。然而，由于它带有一定程度的压迫性，使用对质时必须注意：只有在关系建立之后才能使用对质；在面对问题时，我们应该展现出关心和尊重，并展现出帮助他人的决心；在对质的处理上，我们需要明确且准确；在这个特定的时刻，我们需要强调的是，这并不是对过去的事情进行清算；在对质的过程中，必须对团队成员有充分的认识，以消除领导者的个人偏见。

(4)自我表露

当领导者在合适的时刻有意识地并富有建设性地展现自己，与团队成员分享相似的体验、情感和观点，这不仅能加深彼此之间的真挚和紧密的联系，还能为参与者的思维和行为提供有益的参考，帮助他们融合自己的策略和方式。

(5)示范

领导者展现的适应性行为，例如真挚、尊重、开放性和冒险精神，都能为团队成员提供一个值得效仿的典范，供他们学习和观察。部分领导还会邀请那些与团队成员背景相近但经验丰富的志愿者，为团队成员提供直观的示范，帮助他们在认知和行为上进行重塑。

(6)建议

领导者通过分享信息、建议、策略和观点，来帮助团队成员在思维和行为上做出更多的选择。尽管合适的建议有助于解决成员面临的问题，但领导者在应用这些技术时应持谨慎态度，因为过分的建议或不恰当的观点不仅不是有益的，反而可能触发危机或导致成员过度依赖。

(四)成员消极行为及处理

1.沉默者

在这个团体里，经常可以看到那些选择保持沉默、不发表意见的人。这种类型的成员经常对团队的和谐氛围产生不良影响，为领导者的职责带来挑战，同时也给其他团队成员带来了压力，导致他们感到困惑、愤懑、不安和失落。

沉默背后有许多因素：其中一些是性格上的原因，例如消极、内向、自我认知不足、缺乏自信和对权威的恐惧；有些人对“谦逊”这一概念的理解存在误区；有些人可能选择沉默来表达他们的不满和反抗；其中一些与团队的活动和氛围紧密相关，例如他们正在反思或梳理自己的思考内容等。因此，保持沉默不仅仅是一种有害的做法，它在某些情况下也可能带来积极的影响。

在理解了沉默背后的缘由之后，领导者应当采取适当的措施来应对。我们应当尊重团队成员选择保持沉默的权利，而不是盲目地强迫他们保持开放。在面对建设性的沉默，例如思考或恢复情绪的时候，领导者不需要立即采取行动，而应该允许他持续这样做。对于那些由于性格因素而不敢发言的成员，领导者应该提供积极的支持和鼓励，让他们有信心和勇气去尝试，或者鼓励他们讨论沉默的原因，让他们了解沉默行为对其他成员的影响。对于那些选择沉默来表达不满的人，领导者需要仔细检查自己或团队成员是否存在不适当的行为。如果存在错误，请予以纠正；如果采取了适当的行动，那么可以在适当的时机进行说明，或者进行必要的沟通和对质，以消除抗拒者的防卫行为。如果效果依然不佳，也可以选择私下干预或进行转介。

2. 垄断者

在这个集体里，相对于那些保持沉默的人，还有一些特别活泼的成员，他们往往是第一个开口说话的人，并且总是滔滔不绝、长篇大论，有时甚至会造成一种喧宾夺主的氛围。这类成员常常占据了整个团体的大部分时间来分享，占据了众人分享和表达的空间，让自己成为团体的焦点。这样的状况如果持续下去，不仅会引发其他成员的不满和反感，还会提高领导层进行团体指导的复杂性，削弱团体的凝聚力，并妨碍团体的正常运作。

这样的人，或者说是以自我为中心的人，不会考虑其他成员也有分享的需求和权利，也没有能力感知他人对自己的反应和自身行为的影响；或者是因为缺少安全感，感到焦虑和自卑，担心别人不关心、不喜欢他，为了避免被忽视，用这种方式使自己成为团体的中心；或许是因为内心深处的不安，导致无法忍受寂静；另一种方法是利用“大话”来占据时间，隐藏自己的真实情感，以防止他人的话题伤害到自己。

面对这种情况，领导者应当及时中断垄断者的发言，给予他反馈，帮助他意识到自己的独占行为及其对他人的潜在影响。此外，他们还可以通过团体规则来限制他的发言频率和时长，或者将他的焦点和热情转向更有利于团体成长的方向。

3. 攻击者

具有攻击性的行为涵盖了多个方面，包括贬损他人的观点、否认其他团队成员的立场、对团体目标发起挑战、嘲笑对方以及为了权力而斗争等等。进攻的策略是直接的，例如领导者的能力较弱，并与团队其他成员进行直接的对质；有些时候，言辞可能是含蓄的，例如讽刺、玩笑或尖刻的话语；偶尔会出现一些非言语的行为，例如皱眉、显得不耐烦、表现出不友好的态度等。这类攻击性的行为可能会对集体的氛围带来不良的影响。不管是不是由于其固有的性格特点，成员之间的关系都可能变得紧张，从而导致冲突或潜在的危机。

背后的敌意和攻击是因为当事人经常感受到被伤害和被遗弃的不安全感。当他们加入某个团体时，他们不再希望得到他人的接纳和爱，害怕自己成为焦点，因此他们选择通过攻击来拉近与他人的距离，以此来保护自己。

当面对具有敌意和攻击性的人时，领导者不应该把他们当作无关紧要的事来处理，也不应该当面质疑或斥责当事人，或者强迫他们服从，从而使双方陷入对立的局面。一个合适的应对策略是：首先，当面临攻击时，保持冷静的态度。然后，领导者需要检查自己是否真的如攻击者所言。接下来，他们应该坦率地面对问题，让所有人共同参与公开的讨论，展现出领导的接受态度。这样，当事人就有机会从多个角度去观察和思考自己的行为，并愿意放弃防御，学习更有效的行为模式。

4. 替罪羔羊

这里所说的“替罪羔羊”指的是那些在团体中被自己选定或被他人选定作为团体的替罪者或释放负面情绪的成员。在一个团队里，经常可以看到成员将自己的不满和不快归咎于他人，以此来减轻自己的责任，并将团队的焦点从自己转移到他人身上。还有一些成员愿意成为替罪羔羊，以避免失去与他人的联系。后者被称为“替罪羔羊”，这类人普遍缺少自信，他们认为自己有资格和他人一样得到尊重和爱，不知道如何与他人进行有效的互动，甚至错误地认为成为“替罪羔羊”是与他人建立联系和被整个团体接受的唯一方式。

当领导者察觉到“替罪羔羊”的存在时，不应因此而偏向替罪者，也不应因对替罪者的愤怒而表现出消极态度。适当的应对策略是帮助团队将负面的情感和感受从“替罪羔羊”的角色中转移出去，对于被质疑的团体或那些找人替罪的当事人自身的问题，帮助他们客观地识别并承担相应的责任，而不是通过逃避、投射或陷害他人来逃避责任；领导者在面对替罪者时，需要对其情感有深入的了解，并积极地鼓励和帮助他以积极的心态、行动和方法与他人建立和谐关系。

5.依赖者

依赖者展现出的依赖行为有多种形式：首先，在集体环境中，他们经常表现得无能为力，不知如何是好，而选择向他人或领导寻求帮助，这样可以赢得他们的同情和支持，避免受到他人的质疑或指责，同时也能规避自己应负的责任。其次，当事人经常这样说：“确实如此，但……”尽管他寻求团体的帮助，但当有人向他提出意见时，他会回应：“确实，你的观点很有价值，但……似乎对我不太合适……”这样的话让问题显得难以解决，从而让他自己也无需做出改变或采取行动。最后，重复或模仿领导者所说的话，这样既能避免错误，同时也能获得领导者的认同。

依赖者所面临的问题的严重性因情况而异。有的人对自己缺乏自信，不敢进行任何形式的表达、争取或决策，因此他们总是像一个婴儿一样需要别人的关心和照料；然而，也存在一些人仅在特定的情境下，面对特定的人或问题时，才会寻求他人的帮助和依赖。

在团队中的问题人物里，依赖者通常是一群让很多人感到不耐烦和难以承受的人，因为他们缺乏决断力和个性，常常通过操纵来获取他人的支持，然后诱导别人为他们承担责任。在处理依赖行为时，我们首先需要意识到这种行为的存在，明确它是属于哪种类型的依赖，然后再进行适当的处理。例如，中断资源或建议的供应，不为依赖的行为提供援助，帮助依赖的人走向自主；我们希望当事人能够深入了解并研究自己的行为、其背后的含义和所带来的影响，并帮助他们作出相应的改变；帮助他们纠正对自身的误解和观点，例如不认为自己能够独立处理事务，或者觉得“依赖他人的言行会更有吸引力和受人喜欢”等；建议他观察其他团队成员成熟的人际交往和处理事务的方式；鼓励依赖者展现出独立和自主的行为，并帮助他们产生有效的行动；协助那些愿意成为依赖对象的成员去探索行为背后的动因以及他们可能会忽视的个人需求等方面。

6. 建议者

领导和团队成员往往有一个误区，那就是错误地认为集体辅导与提供建议是同一回事。尽管期待问题能迅速得到解决是可以被接受的，但当我们为那些正在为某个问题而努力的人提供现成的答案时，这也剥夺了他们自主探索和寻找答案的机会。

那些给出建议的人，有时会因为当事人的困境和无助而感到不安，他们期望能够给出即时的解决方案来协助他人；有时候，展现出自己的优势和能力，这不仅有助于控制他人，还能确保自己的安全。然而，那些提出建议的人往往没有真正经历过问题人的问题，这导致他们的建议常常显得不现实、仓促或仅仅停留在表面。同时，他们自己的问题也因为建议的掩饰而难以得到真诚地讨论。有时候，问题人的无助和建议者的即时回应可能会形成一种相互满足需求的不良模式，这将妨碍双方问题的解决。

对于那些随时提出建议的人，领导者应该及时地制止他们的行为，并对其进行反馈，帮助他们理解行为背后的含义和与自己的关系。此外，领导者还可以鼓励其他成员回应建议者，帮助他们明确自己在帮助他人时的感受和思考，并学习如何更好地面对自己和他人。

7. 哭泣者

在团队里，成员有时会流泪，这可能是因为他们提到了自己的伤心之处，想到了自己的委屈、痛苦、恐惧，或者是为了吸引他人的注意；也许是因为他人的言论触动了当事人的情感，导致他们情不自禁地流泪。当团队中有人哭泣时，很容易激发团队的紧张和不安，这经常让领导和其他成员感到手足无措，有些人甚至误以为是自己说错了什么或做错了什么。对于那些流泪的人，当他们无法控制自己的泪水时，往往会感到羞耻并选择后退。因此，一旦出现哭泣的行为，领导必须采取适当的措施来应对。如果不这样做，团队可能会停滞不前。

当初级领导者察觉到某个成员开始流泪时，他们往往会迅速地将注意力转向这名成员，并尝试为他减轻痛苦，但这种做法实际上并不总是适当的。在处理哭泣的情况时，首先需要确定成员的哭声象征着什么。如果目的仅仅是为了吸引他人的目光，那么就不应该过分地关心和安抚他们，否则可能会纵容他们的不适当行为；如果团队成员有急迫且需要引起关注的行为是该团队处理的目标之一，那么在他们的情绪稳定后再进行相应的处理；当一个人因为伤心、伤心、受委屈或其他因素而哭泣时，我们应该为他提供必要的安慰、关心和支持，让他感受到被理解、被接纳和被关心，待他的情绪稳定下来后，再询问他是否可以继续参与团体活动；如果是由于当事人长时间压抑的情感被触发，并且哭泣对当事人有积极的影响，那么可以鼓励他们更多地释放情感；如果涉及当事人哭泣的事件是该团体的研究课题之一，或者与团体有密切的联系，那么领导可以在当事人情绪稳定之后再进行引导和探究，以协助团队成员在学习过程中获得知识。

8.救难者

在这个团体里，有些成员急切地希望为他人愈合伤痕，缓解他们的痛苦和失落等负面情绪。因此，当有人心情低落时，他们会立刻采取措施来为其遮掩，例如提供安慰和支持，用一个新的话题来转移焦点，而不是让当事人回应其他成员的问题，等等，这就是所谓的“救难者”。乍一看，救助行动似乎让当事人避免了面对问题的痛苦，但实际上，错误地使用同情和支持，等同于封闭了当事人应该释放的情绪，从而失去了宝贵的改变机会，同时也削弱了团体的凝聚力。

在救助困难的行动背后，常常隐藏着许多有意或无意的驱动力。某些团队成员是出于自我保护和反抗的动机，例如他们对自己尚未完成的任务一无所知。当团队中有人因类似的经历而感到伤心时，他们可能会在不知不觉中帮助当事人掩盖事实，以缓解自己的焦虑，并避免面对生活中的种种痛苦；部分救援人员可能非常易受伤害，害怕面对生活中的种种困境，因此他们会及时制止当事人对不良情绪和经验的进一步讨论；也存在一些救难者倾向于保护他人，为了避免当事人无法承受更深的悲伤和内疚，他们会伸出同情之手，将对方从痛苦中拉出来。

为了避免对团体造成破坏性的影响，领导者需要提前做好准备，在第一次聚会之前或团体发展的初期，就向成员解释团体中深度分享和坦诚对话的方式，帮助他们理解团体交流的重点和独特性。当出现这种状况时，领导者可以将此问题告知寻求援助的人，让他们独立思考行为背后的原因，并集体讨论真正的关心与救助之间的差异，让他们明白真正的关心并不是逃避，而是面对自己的情感和挑战，以实现双方的共同利益。

这些消极的行为在很大程度上是为了自我保护，避免受到伤害，或者是为了避免进一步的自我暴露而产生的迷茫和焦虑，但有时是因领导者独裁或无效能造成的，领导者要准确判断，不要有标签效应。

第三节　大学生团体辅导方案

一、团体心理辅导的操作流程

首先，基于活动的目标，我们确定了活动的主题，并根据这个主题挑选了合适的活动内容，进而设计了详尽的策划方案。

其次，根据活动计划所列的材料清单，我们需要准备道具、选择场地（是户内还是户外）、确定时间，并确定团体心理辅导的领头人和协助者。作为团体心理辅导的领头人，他们需要具备丰富的实践经验，既可以得到心理中心老师的支持，也可以得到辅导员作为班级干部的协助。为了确保活动的顺利进行，团体心理辅导的带领者和协助者可以在活动开始之前进行预演，或者更多地熟悉活动的流程和注意事项，以探讨如何处理活动中可能出现的各种情况。

最后，集体心理咨询活动的实施。团体心理辅导通常被划分为活动的初始、进行和结束三个阶段。在活动的初始阶段，团体心理辅导者需要做好充分的引导工作，以便成员能够迅速地参与到活动中。在活动的执行过程中，指导成员根据给出的指示参与，深入体验并进行反思，确保在每个分享环节都有一个积极的氛围供成员交流和分享。当活动接近尾声时，大家都在反思这次活动带来的洞察，并由引领者对主题进行总结和提炼。

二、团体心理辅导的常用形式

(1)团体心理辅导的常用形式：心理游戏、习作活动、拓展训练、演讲会团体讨论报告会、难题解决、心理课堂、角色扮演、参观访问、行为训练、影视欣赏等。

(2)团体心理辅导的常用结构式练习：

媒体运用——录音、幻灯、影视、录像、投影片等。

身体接触——信任跌倒、盲行、微笑握手等。

角色扮演——心理剧、布偶剧、生活演练等。

绘画运用——自我画像、家庭树、理想画等。

纸笔联系——生命线、走出圈外、价值观探索等。

未完成句——引导思考与表达的活动等。

人际沟通——回旋沟通、优点轰炸、互留赠言等。

幻想技术——玫瑰旅程、生涯幻游、突破困境等。

娱乐性活动——棒打无情郎、合唱等。

三、团体心理辅导设计方案示例——新生适应团体心理辅导

活动主题：新时代，“心”相遇

团体规模：40～60人

团体性质：封闭式、发展式、结构式团体

团体活动时间、地点：待定

团体活动目标：

(1)通过团体活动形式，促使班级成员尽快相识。

(2)使团体成员彼此信任、相互协助、融洽相处。

(3)初步形成班级集体意识，建立互信互助关系。

(4)提高对大学生活的适应能力，积极应对出现的难题和困惑，为个人与班级的和谐发展打下良好基础。

团体活动方案：

活动阶段	活动目标	活动内容	时间	准备工作
热身阶段	营造融洽活跃的氛围	拼钱游戏	5’	—
活动阶段	1.增进彼此了解； 2.短时间内认识更多的人	滚雪球	25’	—
	强化团体安全感	有缘相同	10’	—
	增进自我了解，增强自信心	画说我优	15’	每人一张纸、一支笔
	正视目前遇到的问题	齐赶困扰	10’	每人一张纸、一支笔
	自我探索，重拾信心	用“心”铸新	15’	—
结束阶段	烘托气氛，处理分离情绪为班级发展奠定良好基础	分享，总结；全班合唱《相逢是首歌》	10’	多媒体设备、音乐

团体活动过程

(1)活动一：滚雪球

目的：增加认识和了解，促进形成集体。

操作流程：

①分组，每组12人左右，尽量不超过15人。人少达不到认识了解更多人的目的。

②小组成员间围圈自我介绍，增加了解，每个同学熟悉小组内所有同学并附加一个特征。

③小组间PK，由一组的小组成员挑选另一小组的代表对象参加比

赛，循环进行。根据木桶原理，每个小组都会督促每个队员完成任务，从而促进辅导目标的完成。

④PK内程序，首先，其他小组成员选择代表对该组每个成员进行介绍然后，被选代表出列，按照顺时针或者逆时针进行滚雪球式介绍，把身边所有的人和特征作为定语来介绍自己。如我是来自爱打球的张三旁边、不吃酸汤的李四旁边、爱打呼噜的王五旁边、经常迷路的赵六旁边、爱吃辣的铁憨憨旁边每天练习瑜伽白莲旁边的不吃香菜的丁一（本人）。（本组共七人，其他全部人及其特征作定语）停顿者、出错者、速度慢的代表所在的组输掉本次比赛。

⑤分享："在这个活动中，你有什么感受，请与大家分享。"请4～5位同学发言。

(2)活动二：有缘相同

目的：找到相同点，获得亲切感，强化团体安全感。操作流程：

根据前面活动分成的小组开展，从小组中某个成员开始，大声喊出："我很想知道，在我们小组中有没有人和我一样……"（可以是相同的兴趣爱好，可以是相同籍贯，可以是相同属相，也可以是相似的身体特征等）如果有一样特征的成员则一起向前跨出一步，每个成员至少轮换一次。

分享："在这个活动中，你有什么感受，请与大家分享。"请4～5位同学发言。

注意：因为这个团体辅导是新生入校后的第一次，团队成员之间的认识不深，可以很好地利用这个阶段加深班级同学间的认识和了解。

(3)活动三：画说我优

目的：增进自我了解，促进自我肯定。操作流程：让他们画自画像，画出过去的自己，通过各种样式来展示过去自己的个性、爱好、成就、生活、学习等。画好后，每个成员再从过去的事情中挑出有挑战性的或者最有成就感、最擅长的，然后向小组内的其他成员介绍过去的自己，并把最有挑战性的或者最有成就感的事情介绍给大家。

分享："在这个活动中，你有什么感受，请与大家分享。"请4～5位同学发言。

注意:“画说我优”阶段,是为了让团队成员回顾自己以前的生活和学习经历,找出自己成功和有成就感的事例,找回自信的自己。领导者要注意调动同学们的想象力,每个同学肯定都有值得回忆的东西。

引导:

①全面认识自己是一个很重要的心理过程,怎么样全面地认识自己,更好地了解自己对自身成长非常重要。

②从代表的发言中,看其他同学的过去是怎样的,大家都有着怎样值得肯定的过去。

③能充分发挥自己的长处,这在人生中也是一种成功。

(4)活动四:齐赶困扰

目的:让大家体会每个人都存在困扰,经历过失败和挫折,学会正视失败和挫折等困扰,学会聆听、倾诉、求助与帮助。

操作流程:让成员轮流分享自己目前的状态和存在的或大或小的困难、困惑、困扰等。其他同学认真聆听,给予支持和理解,分享经验和建议。

分享:小组内部分享后,选出一个代表和大家分享。引导:遇到挫折、失败、困难、困惑或者困扰时要做到以下几点:

①正视失败,可能有些同学高考失利,不要气馁,将失败也看成一种成长的方式。任何人在成长过程中都不可避免地会遇到不同程度的挫折。正视挫折,认真分析挫折产生的主客观原因,正确对待挫折,那么就不仅可以克服和消除挫折,而且还可以磨练自己的意志。

②不要把痛苦闷在心里,应当主动向老师、同学或亲友倾诉,争取别人的谅解、同情与帮助。

③转移自己的视线。适当参加一些健康的娱乐活动,走出户外去呼吸大自然新鲜的空气。丰富多彩的闲暇活动可以使不好的心情转移方向,扩大思路产生一种向上的激情从而增强自信心。

(5)活动五:用“心”铸新

目的:自我探索,重拾信心。

操作流程：穿插上一个环节中，成员各自说感受，然后写出大学生活的三个最，“进入大学后我最高兴的是什么？”“进入大学后对我影响最大的是什么？”“进入大学我最期望的是什么？”，写完后和小组成员进行分享。

分享：在活动中，对自己有什么新发现，是不是找回了信心，崭新的大学时代，该如何度过？

引导：结合自己以前成功的经历以及和团队成员间的分享，找到解决问题的方法。即使没有找到，也可以在成员那里得到共鸣，原来同样的问题不是只有自己有，这样就可以在以后的生活中共同面对，更快地解决问题。

进入新的环境，要想很好地适应，对于大学新生来说，要走好六步：

①调整心态。有可能上的不是理想的大学，有可能读的不是心仪的专业，有可能实现的大学生活环境和学习节奏和理想中的不一样，一些同学会遇到心态问题。无论如何，这是自己人生中的重要的一个阶段，如果没勇气退学重考就要及时调整心态，尽快适应大学生活，积极面对各种考验。

②学会合理开支理性消费。绝大部分大学生是离家求学，家长会把一个月或者更久的生活费转给大学生，因此，大学生具有一定的经济支配权利。但很多大学生不会安排开支，不能理性消费，造成“月初吃肉，月底喝水”的局面。因此，进入大学的一个成长任务就是学会规划和打理自己的生活。

③建立良好的宿舍人际关系。宿舍人际关系是大学生在校很重要的人际关系，对大学生的心理健康、归属感等有很重要的影响。因此，大学生要有建立良好宿舍人际关系的信心和行动，学会尊重个体的生活习惯和文化的差异，做到互帮互助，互相体谅，不做影响团结的事，不说影响团结的话，不在大家休息时间做影响大家休息的事情。

④理性选择社团和参加活动。大学的社团名目繁多，每到新学年开学校园里的纳新便开始了。不要盲目地参加很多的社团，要考虑自己的

兴趣、爱好、特长以及时间和精力。要处理好学业、社团和其他相关活动的关系。不忘初心，方得始终，尽管大学生活丰富多彩，但是最根本的学习不能边缘化，要平衡好学习和其他事情。

⑤自主学习适应大学学习。离开了高考的应试指挥棒，离开了高中班主任和家长的唠叨，大学是一种全新的学习环境，有着全新的教学与学习方式。大学的学习几乎是堂堂换老师，节节换教室，上课同争议，下课各分散。自学是大学学习的主要特征，不仅上课所学的要靠你的自觉性去消化吸收，即便你整个知识体系也是要靠自己去补充完善。所以除了专业学习外，应适当涉猎课外知识，使自己丰富起来。因此，要尽快适应自主的大学生活，不要等老师和班干部来催，不要等挂科补考。

⑥未雨绸缪做好生涯规划。很多学生进入大一后会有一个迷茫期，不知所措。对专业发展前景，对个人将来发展都陷入迷茫状态，不晓得所学的专业是不是自己将来要从事的专业，不晓得自己可以从事哪些职业，导致懒散。因此，大一入学后大家应尽快思考自己的职业规划和在校的几年规划和具体目标然后才能积极行动起来，避免颓废。

结束：

(1)体会分享。全班同学围成一个圈，用一句话说出活动后的体会，对活动进行简要的总结。

(2)合唱。合唱《相亲相爱一家人》，结束活动。

评价

领导者介绍

(1)领导者

(2)协助者

(3)观察者

团体心理辅导是为广大大学生所喜欢的一种形式，积极性参与性非常好。辅导员可以让心理老师作为领导者，自己作为协助者参与一两次的团体辅导活动，懂得操作流程和要领后，尝试根据目的设定主题选择游戏准备策划方案组织团体心理辅导活动。在策划方案中根据活动主题和目的选择活动游戏。可供选择的游戏有很多，如适合环境适应主题的有：有缘相识、寻找归属、蜈蚣翻身等；适合沟通交流主题的有：我说你画、我说你剪、风雨同舟等；适合自我意识的有：价值拍卖、自画像、留舍最爱等；适合竞争合作主题的有：心有千千结、穿越沼泽地等；适合心灵成长主题的有：命运之牌、感恩父母等；此外还有适合意志责任主体的：护蛋行动、手指的力量等。

第三章　大学生心理健康教育中的就业辅导与生命教育

第一节　大学生心理健康教育中就业辅导的实施路径

一、分析大学生就业心理与职业发展规划

(一)分析与调适大学生就业心理

1. 分析大学生就业心理

大学毕业生能否成功地找到工作,不仅与他们的专业技能、道德修养和文化修养有关,还与他们的就业心态和心理适应能力紧密相连。

(1)影响大学生就业心理的因素

就业心理是指大学生在即将毕业之前和之后,由于就业相关的问题而产生的一系列心理反应,这些心理反应主要是受到主观和客观因素共同作用的结果。主观因素主要包括如下三个方面:

第一,大学生的生理状态和心理发展。大多数的大学生在大约 23 岁时完成学业,那时他们的身体还在成长,但在心理层面上尚未完全成熟。从生理角度看,招聘机构对于招聘员工的工作时长、性别、身高和健康状况都有特定的规定,而工作岗位的某些特点也在某种程度上限制了求职者的生理需求。因此,生理状况在很大的范围内都会对求职产生影响,同时也可能对应聘者的心态造成变化。观察一个人的心理成长程度,我们可以从三个维度进行评估:认知、情感和意志,例如记忆、分析、逻辑思考、情感管理和意志特质等。一个人的心理成长程度会对其职业技能和工作

成果产生最直观的作用，这也是为什么雇佣机构对其给予了高度的重视。某些招聘机构还会对求职者进行数次心理评估，目的是筛选出符合职位需求的工作人员。

第二，大学生的人格特征。个性，也被称为人格特征，在日常生活和实际操作中经常被展现出来。在他人眼中，这些特质是稳定的，代表了具有明确方向的个体的心理特质的集合，并展现出与他人不同的特殊心理状态和特点。人的性格是伴随其一生的，对其产生深远的影响，并且永远不会消逝。每个人的个性产生的各种需求、驱动力、愿景、信仰、宇宙观和兴趣，都在指引着他们的日常生活，并为他们指明了前进的方向和路径。人的个性、气质、性格以及能力的差异，都会对其生活方式、职业和命运产生深远的影响。由于人格特质的差异，人们会有不同的职业倾向。由于毕业生在职业选择的心态和行为上呈现出多样性，一些毕业生更倾向于追求稳定的生活和稳定的工作，而另一些毕业生则更愿意投入金钱和时间去创业。

第三，知识结构。更明确地说，知识结构描述的是求职者的知识体系与他们个人之间的相互联系。个人能力的塑造在很大程度上受到知识结构的影响，不同的知识结构会导致求职者在不同的领域展现出不同的技能。在这个日益智能化和技术飞速进步的现代社会中，许多行业已经逐步走向一体化，这也意味着许多职位都迫切需要具备多种技能的人才。换句话说，从业人员需要掌握更多领域的知识，以使知识的结构变得更加广泛，层次变得更加丰富。在大学生的学习旅程中，他们不应仅仅局限于掌握与其专业紧密相关的知识和技巧，更应深入探索更多的基本概念并熟练应用一些核心技能，这样才能更好地满足当前快速进步的社会和不断变化的人才需求。拥有丰富的知识储备、出色的实践技能和合适的知识体系可以助力毕业生顺利找到工作，这也构成了毕业生判断自己是否有能力在职场中生存的基石。显然，大学生的知识体系对他们的就业前景有着直接的影响，它是决定就业成功与否的核心要素。

社会环境、学校教育和家庭教育是影响大学毕业生就业心态的三个主要客观因素。具体如下：

第一，社会环境。在社会环境中，人们或多或少都会受到一定程度的影响。人们受到的社会环境影响各不相同，这些影响因素包括社会风气、社会经济发展水平等，同时，就业状况和相关的就业政策也会对人们的就业心态产生影响。与此同时，就业体系经历了变革，市场上的竞争变得更为激烈，这既是一个挑战也是一个机会。近年来，随着经济的快速增长，毕业生的数量也呈现出持续上升的态势。这导致了各个行业对人才的需求也各不相同。因此，大学生需要以客观和理性的态度来看待这些需求，并采取积极的应对措施。但同时，他们也不能过于紧张，需要保持一个健康的心态，全面了解和分析社会的各种需求，并在面对各种不同情况时，积极地采取相应的措施，以实现适应各种环境并成功就业的目标。

第二，学校教育。随着时间的推移，人们对教育的认识变得更为深刻和全面，因此，大学不仅需要高度重视职业和专业教育，还应致力于提供全方位和高品质的素质教育。学校的主要职责是确保学生在大学时期接受社会化教育和培训，让他们在这种社会化教育背景下积累生活经验，并在个人的学习和理解中融入社会生活和实践。在此过程当中，学校的校风和教学方法对大学生产生了深远的影响，并对即将毕业的学生的求职心态产生了细微的作用。

第三，家庭教育。家庭构成了社会的核心部分，而父母则是孩子的首位教育者。家庭中的教育方法和父母的价值观都会对学生的心理健康和成长产生直接的影响。

毕业生在被聘用的过程中，其就业心态很有可能会受到家庭背景的影响。另外，父母对子女就业的看法也会对即将毕业的学生的职业态度产生影响，这种态度同样会对毕业生的职业态度产生明显的作用。例如，部分父母更倾向于让孩子与他们同住，但他们又不愿意看到孩子在私营企业中工作。家庭教育在很大程度上塑造了大学生的个性，而父母的观点或态度也会对大学生的职业态度产生影响，所有这些元素共同作用于毕业生的求职情感。

(2)大学生的就业动机分析

一个人的职业选择受到其工作动机的深刻影响。当一个人选择了某项工作但并未考虑其他选择,或者他选择在某城市工作但并未选择其他城市时,这主要是因为他的就业动机。因此,从就业心理的角度看,最核心的问题便是关于就业动机的问题。通常,决定个人求职意愿的主要因素涵盖了工作的社会价值、工作的经济回报、工作的地理位置、工作的强度,以及工作与个人之间的匹配度。具体而言,体现在以下六个方面:

第一,寻找专业对口的职业。绝大部分的毕业生在决定职业道路时,首先倾向于选择与其专业紧密相关的工作,将所学应用于实践是他们普遍的心态。他们认为,选择与专业紧密相关的工作可以帮助他们更快地适应工作环境,更好地发掘自己的潜能并推动个人成长。这也解释了为什么很多毕业生不倾向于选择条件更为优越的职位,而是更倾向于选择那些相对困难但具有广阔发展潜力的工作。

第二,找一份社会地位高的专业工作。从事有社会价值的工作,尤其是那些社会地位较高的,更容易赢得他人的尊重。因此,毕业后的学生更偏向于寻找社会地位较高的职位。这种现象是一种普遍存在的求职心态,社会地位的提升主要取决于个人的声誉和经济能力。

第三,找一份稳定的工作。传统的劳动管理方式已经改变了大众对于就业的看法,缺乏稳定性意味着缺乏安全感,因此部分大学毕业生选择放弃更好的工作机会,转而选择公共部门或国有的大型和中型企业。显然,随着社会进步和人们思维方式的转变,部分大学生不再将就业保障放在首位,而是转向了与他们个人成长密切相关的职业领域。

第四,去经济发达地区工作。在经济较为繁荣的区域,存在众多的就业机遇,其工资水平相对较高,并且就业市场呈现出相对的规范性。因此,众多大学生倾向于选择经济较为繁荣的地方作为他们的工作场所。

第五,注重经济待遇。在市场经济的背景下成长的大学生对于经济议题表现出高度的敏感性。大学生是那些刚从父母生活中解脱出来的人群,当面临需要独立生活的挑战时,他们还显得相当迷茫。如果大学生缺乏稳定的经济支撑，他们将难以在社会中过上更好的生活，因此，许多大学毕业生在求职时都非常重视经济状况。

第六，奉献社会，培养自己。许多大学毕业生在面对职业选择的时候，选择放弃了一个良好的工作环境和职业生活，而是选择支持西部的建设，或者从事基层或生产一线的工作。这批毕业生选择工作的初衷是为了服务国家和为社会做出贡献，他们成为大学毕业生的楷模，体现了新时代年轻才俊的精神风貌。

2. 大学生就业心理表现

大学毕业生在求职时的心理反应各不相同，这主要是由于他们有各种各样的求职动机，而这些动机又与他们个人的实际状况紧密相连。大学生需要积极地就业心理，主要体现在以下两个方面：

第一，乐观自信。部分学生具备客观地了解和评估自己的能力，并设定了明确的职业目标。这种方式是对就业状况和社会需求进行准确分析的最佳方式。这些学生能够有效地规避自己的不足，充分发挥自己的长处，即使在遭遇挫折时也不会气馁，而是积极地搜集就业相关的信息，并最终找到他们最为满意的工作机会。

第二，有竞争的勇气和风险意识。部分毕业生能够适应他们刚刚毕业时的职业环境，并深知就业市场上的竞争是不可避免的。为了增强他们在职场上的竞争力，他们应当持续地提升和完善自己在多个领域的技能，并积极地参与各种社会活动以及学校的文化活动。大量的毕业生不仅具备高度的竞争力，还拥有冒险精神，他们坚信稳定是最理想的选择，并期望能够获得具有强烈竞争力的专业职位。尽管这些职业存在某些风险，但它们对于个人成长是有益的，并能很好地展现其内在价值。因此，这个职业受到了毕业生们的热烈欢迎。除了公共事业单位和大规模的国有企业，许多人也更倾向于选择在具有高度竞争力的行业中进行自主创业。

在当前的人才市场中，竞争异常激烈，因此毕业生需要满足社会进步的各种需求。我们绝对不能与现实脱节，必须与时代同步，保持独立性，并持有坚定的自信。当我们面对自身的不足时，我们应该勇于接受，而不是回避，通过“双向选择”来追求我们的梦想。

3. 大学生就业心理准备

对于大学生来说，就业标志着他们从学校步入社会的关键时刻，其重要性不言而喻。面对即将到来的就业市场，新一届的大学生应当做好全面的就业准备，这包括但不限于专业知识和技能的掌握、职业道德和责任感的培养，以及心理层面的准备。此外，即将毕业的学生需要用一个积极的态度来应对就业市场的各种挑战，他们需要在众多的工作机会中挑选出最适合自己、能满足个人成长需求并能增强个人价值的职位。

在这个快速发展的时代，大学生在经历了四年的学习后，他们在入学前的职业前景和毕业时可能会发生变化。这些变化可能包括专业从热门转向冷门，或是从短期转向长期，这些都可能使他们在求职时感到信心受挫。因此，即将毕业的学生需要做好心理上的准备，他们应该冷静地思考，准确地评估自己在求职中的位置，主动地调整自己的观点，与社会的需求保持紧密地联系，调整自己的心态，寻找最适合自己的工作机会，并确保顺利进入职场。

刚刚毕业的学生在求职时往往缺乏足够的社会经验，加上就业市场的竞争异常激烈，这使得许多毕业生感受到巨大的压力、情绪的不稳定和焦虑，这为他们的日常生活和学业带来了诸多挑战。为了协助大学生在就业的关键时刻保持积极的态度，高等教育机构应当为他们提供心理辅导和支持。应届毕业生的心理建设应该从以下七个方面入手：

(1)做好角色转换的心理准备

对大学生来说，就业不仅仅是一个简单的学生角色，更是一种从学生身份向社会职员身份的转变。在学生的生活阶段，他们的生活是相对有序的、稳定的，并且生活也得到了一定的保障，这样的稳定和从容的环境很容易让大学生产生对美好和浪漫的误解。然而，社会环境是非常严峻的，特别是在当前大学生面临激烈的就业竞争和生活环境的突然变化时。如果他们仍然沉浸在校园生活的美好幻想中，将很难应对这种激烈的就业竞争。因此，大学生需要做好角色转换的心理准备，在毕业的转折点上及时调整心理认知，保持清醒的头脑，明确社会就业的现状，并运用他们在学生时代学到的专业知识和技能，寻找适合自己的社会需求，找到适合自己的职位。高等教育机构有责任向学生传授清晰和明确的观念，提前做好心理准备，让他们明白大学毕业生在社会中也只是一个普通群体，大学教育的目的是积累知识和技能储备，以满足未来职业生涯的各种需求。这种做法能帮助大学生在毕业时为角色的转变做好充分的准备，让他们更加明确自己在社会中的地位，更加积极地选择职业，全身心地投入社会工作中，为国家的发展献出自己的一份力量。

(2)做好正确认识自我的心理准备

大学生应当具备正确的自我认知能力，并深入了解自己的独特之处。基于个人的性格、兴趣、特长、知识和技能储备，挑选与自己成长相匹配的职业路径。通过深入地自我了解，我们可以找到最适合自己的工作岗位，并最大化地利用自己的优势。通过科学的心理测试，我们可以有效地对自己进行科学的认知。除此之外，通过与教师、亲友和父母的对话获得的客观反馈也构成了自我认知的途径。一个准确、科学且高效的自我认知有助于毕业生更明智地做出职业选择。

(3)做好认识和评价职业的心理准备

在求职过程中，大学生应当对自己的职业有一个准确地理解和评估。人与其职业之间存在明显的双向选择机制，人们需要依据自己的独特才能来挑选最擅长的职业领域；在职业领域，执行职责的人需要拥有与之匹配的工作技能。即将毕业的学生应该对各种职业有深入地认识，寻找与自己特质相匹配的工作，并根据自己的独特性质寻找最能展现自己才华的职业。

(4)做好充分认知就业形势的心理准备

在步入职场之前，大学生应当深入了解当前的就业状况。随着教育逐渐普及，高等教育也变得越来越普及，这导致了就业市场变得越来越紧张，激烈的竞争进一步引发了“相对过剩”的问题。大学生的需求不均衡可以从相对过剩中看出，这主要体现在偏远地区或基层单位对受过高等教育的人才的迫切需求，但在大都市，由于岗位之间的激烈竞争，导致了人才的过剩现象。即将毕业的学生应当对当前的就业状况有深入地了解，并为求职过程中可能遇到的困难做好心理预备。那些怀有远大理想、天赋异禀的大学生，可以根据他们所在的偏远地区和基层单位的实际需求，选择投身基层或前往边远地区工作，以此来实现他们人生的真正价值。

(5)做好自主择业的心理准备

即将毕业的学生应当为自己的职业选择做好心理预期。在进入职场之前，大学生的大学生活是稳定、有序的，并得到了教师的引导和父母的支持，但他们还没有真正达到独立的状态。当大学生面临职业选择的时候，他们可能会感到困惑和缺乏自信。这种不独立的态度可能会使雇主对这些求职的大学生失去分配工作的信心，从而可能导致他们的职业选择失败。因此，在求职过程中，大学生必须为自己的职业选择做好充分的心理准备，要对自己有信心，并充分发挥自己的优势，选择最适合自己的工作。

(6)做好遭遇挫折的心理准备

即将毕业的学生在工作中遭遇挫折时，应做好心理上的预备。在当前的就业环境中，竞争压力巨大，只要有竞争，成功和失败的人都会出现。在求职的过程中，大学生可能会产生以下三个方面的心理问题：

第一，产生迷茫。当大学生在选择职业时，他们发现自己的专业与职位的实际需求之间的匹配度并不高，这可能导致他们对未来的职业道路感到困惑。

第二，产生逃避想法。在求职和就业的过程中，大学生会发现雇主对职位的知识和技能有很高的要求，但他们自身的知识和技能却不能满足这些要求，这可能会导致他们产生逃避就业的心理。

第三，产生消极想法。在求职的过程中，如果遇到与规定不符或不符合常识的情况，人们可能会感到困惑，并对求职持有负面看法。

上述问题的出现主要是因为大学生的心理准备不够充分。因此，在进入职场之前，大学生应该做好面对挫折的心理准备，了解可能出现的各种情况，并在遇到困难时，勇敢地面对，不怕失败，最终成功地找到工作。

(7)做好就业期望值与现实有差距的心理准备

即将毕业的学生应当认识到职业期待与实际情况之间存在的差距。大学生活向来都是平稳且有规律的，这种过于平稳的学习环境为大学生带来了浪漫的憧憬，使他们误以为社会也是顺风顺水的。他们带着充满理想的愿景步入社会，期望在社会舞台上勇往直前，以实现个人的生命价值。虽然理想是正确的，但刚步入职场的大学生由于缺乏职业觉悟和实际工作经验，可能会在工作中受到上司或同事的批评、冷遇或指正，这可能导致他们的心理预期与实际情况之间的差距，从而失去心理平衡。面对这样的状况，刚步入职场的大学生应该保持冷静，主动地去分析问题的根源，找出自己的不足之处，努力突破自我限制，以实现持续的进步。

即将毕业的学生需要在就业预期与实际情况之间找到平衡，并做好心理上的准备。就业标志着一个全新的起点，刚刚步入职场的大学生们正在努力积累宝贵的工作经验，并通过他们的实际行为来实现职业成就。当你在职场上遭遇失败或挫折，你应该用一个积极的心态去应对，不断地从前辈那里吸取经验，以便更好地提升和超越自己。在步入职场之前，培养良好的职场观念能够助力大学生在职业生涯中更充分地展现其主观能动性。

培养一种积极而主动的职业寻找意识。在决定学习的专业方向时，某些人可能会发现自己的实际情况与所选专业有所出入。首先，一些学生为了进入更好的学校，可能会选择不喜欢的专业或者接受了专业调剂；另外，有些学生可能会受到社会趋势的驱使，而不假思索地选择了当年最受欢迎的专业方向；最终，部分学生在选择专业时，是基于家长和教师的意见，并受到了他人意见的影响。这种状况可能导致大学生对未来的职业需求和适合的专业职位缺乏了解，从而在毕业后找工作时感到迷茫。专业选择已经变得不可更改。在大学学习期间，大学生应该抓住机会，了解自己的专业和未来的就业需求，掌握专业知识，积极主动地学习专业技能，主动接近社会需求，紧跟本专业的时代发展，有效提升自己在就业市场上的竞争力。在寻找工作和求职的过程中，要积极地展现自己的才能，并依靠自己的能力去争取理想的工作岗位。

培养独立创业的觉悟。我国政府正在大力推动大学生参与创新和创业活动，鼓励他们利用所学知识进行知识的创新，并为他们提供相应的政策支持和资源援助。在大学毕业之后，学生们有机会选择独立创业。这种选择不仅有助于规避就业市场的激烈竞争，还能将个人的创意和想法转化为实际行动，以满足他们的个人需求。

培养一种“转业”的观念。在求职的旅程中，除了激烈的就业竞争和严峻的就业环境外，许多即将毕业的学生之所以难以找到与自己专业相匹配的工作，主要是因为他们很难找到合适的岗位。大学生在求职过程中，对于选择与自己专业相匹配的职位的观点，对部分即将毕业的学生的职业选择产生了影响。事实上，在大学阶段所掌握的知识只是人们一生知识的十分之一，而在现代社会中，终身学习的观念已经变得日益普及。在求职过程中，大学生应当培养“转业”的观念，首先寻找工作，然后再进行职业选择。

培养角色转变的意识。大学生在从学生的角色转变为社会工作人员的过程中，需要经历一个过渡阶段。经过四年的稳定、有序和有序的大学生活，尽管大学毕业生也参与了一些社会实践，但他们对社会的认识仍然不够深入，这导致了他们与社会的长时间分离。因此，当社会生活突然发生变化时，许多大学毕业生的习惯很难转变，很多思维方式也可能会受到冲击。大学生应该树立角色转换意识，在过渡期积极调整自己的思想观念来适应社会发展和职位需求。①

(二)发展与规划大学生职业生涯

就业难题已逐渐成为导致大学生心理问题的关键原因。为了转变当

---

①　王志贤，刘斌，李梦婷. 基于积极心理学的大学生创业心理教育体系构建[J]. 黑龙江教育学院学报，2018(10).

前的情况，我们需要来自各个方面的关心与付出。对于大学生来说，提前规划一个合适的职业路径，并基于此来积极地塑造和提高自己，是一个关键的方式来减轻求职的困扰并增加成功的几率，这将为他们未来的职业生涯打下坚实的基础。

职业生涯规划是基于个人的主观和客观因素，为自己的未来职业生涯制订的计划，其中涵盖了职业发展的目标、工作方案以及职业培训内容。职业生涯的规划为未来的职业成长提供了关键的参考和依据。

1. 大学生职业发展自我评估

进行自我评估的目的在于更深入地认识和了解自己。只有当大学生真正地认识到自己，他们才能制定出合适的职业方向，并为自己寻找到最合适的职业成长路径。

(1)自我评估的基本内容

自我评估涵盖了诸多方面，包括但不限于性格评价、兴趣爱好评价、技术能力评价以及道德品质评价等。大学生的自我评估涉及以下三个方面：

第一，体力评估，即对自身的身体素质展开的评估。大学生在选择评估内容时，应基于自己的体力状况，这主要涉及力量、动作的敏捷性、身体的均衡、下肢与腰背的协调、手臂的敏捷性与和谐性、身体的语言表达以及视听和整体身体的协调性等多个方面。不同的职业对应聘者的体力有各自的需求。例如，那些需要体力的工作通常要求应聘者身体健壮；体育相关的职业则要求应聘者具备良好的协调性和敏捷性；艺术相关的职业则要求应聘者的视听器官灵敏；还有一些职业会对应聘者提出特殊的体力要求。因此，在大学生做出职业选择的过程中，必须根据他们的体力状况进行详细地分析。

第二，能力评估。一个人的能力在很大程度上决定了他是否有能力完成任务或活动，以及他的工作效率。能力主要分为两大类：首先是一般性的能力，即所谓的基础能力，包括但不限于注意力、记忆力、观察力和行动力等。这种能力的显著特性是可以通过认知来获得，通常也被称为智力；再者，所谓的特殊能力是指完成特定任务所必需的技能，这与职业的标准是紧密相关的。个体的能力不仅包括普遍的能力，还涵盖了特定的能力。由于每个人的职业行为都带有其特定的职业属性，因此，对于个体能力来说，特定的能力显得尤为关键，只有掌握了这些特殊能力，才能更有效地进行职业活动。

第三，人格评估。更明确地说，人的性格主要涵盖了个人的兴趣、驱动因素、价值观以及个性特质等方面。一个人的人格不仅会对其行为产生深远的影响，同时也会对其在职场上的行为产生不可忽视的作用。因此，为了更精准地挑选与自己相匹配的职业，有必要深入了解自己的人格特质，这样才能更有效地进行职业匹配和实现人与职业的完美匹配。

(2)自我评估的主要方式

要真正了解自己，个体需要对自己进行公正地评估。换句话说，我们既不能对自己有过高的期望，也不能对自己有过低的评价，而应该正确地看待自己的长处和能力。要做到客观地自我评价，一般可以通过以下五种方式进行：

第一，心理测验。这是一种能够通过短期测试总结出个体特质的评估方法，它是通过将个体与集体进行对比来得出的，得出的结果具有较高的客观性和准确性。利用心理测试，人们可以在较短的时间里更深入地了解自己，挖掘自己的独特之处和优势，但值得注意的是，心理测试的结果仅能给出参考性的建议，并不意味着它是绝对的事实。

第二，能力倾向测验。这种自我评价的方法主要是为了确认个体与未来职业的匹配度，以及他们在未来职业生涯中成功的可能性。在众多知名的能力测试中，一般能力倾向成套测验和区分能力倾向测验尤为出名。除了上述内容，我们还提供了兴趣测验，这主要是为了评估一个人的兴趣种类，并将这些测验的结果与其他职业人员的兴趣进行对比，以确定他们的兴趣与哪一类职业人员的兴趣最为接近。

第三，根据以往的经历，总结经验，对自身的特点、性格等进行客观评价。当我们对自己进行公正地评价时，应当充分借鉴过去的经验并从中寻找解决之道。例如，一个人可以基于其过去的工作经验来探索自己所热爱的职业，并思考为何对这些工作如此感兴趣，以及他是否依然对这些工作抱有热情；你也可以反思自己是更倾向于处理人与人之间的关系还是更喜欢解决具体的问题，以及如何能够激活自己的内在活力。此外，我们需要对以往的成功经验和失败教训进行梳理，并深入探讨导致成功或失败的各种因素。需要强调的是，我们应当基于客观地评估，以防止由于个人的认知或动机导致的较大偏差。

第四，其他人的评价或者是与他人的比较。首先，当基于他人的评价来进行自我评估时，通常会把他人的评价作为自我评价的依据。在与他人互动的过程中，他人给出的评价有助于个体更深入地了解自己。其次，在与条件相近的人进行自我评估时，我们应当深入了解并分析他们对我们的看法和评价。

第五，向就业指导专家咨询。学校建立了专门的就业指导中心，为学生提供专业的就业咨询服务，这不仅可以帮助学生迅速获取就业相关的知识和信息，还能让专家协助学生正确地理解和重新审视问题。此外，这也有助于学生增强他们的职业选择技巧。

2. 大学生职业生涯目标确立

人们对于自己的职业生涯是否成功都有自己的评判标准。另外，在人生的不同阶段，成功的定义也可能会发生变化。“成功”这一概念涵盖了多个方面，包括成功的定义、发生的各种事件、获得的物质支持、发生的具体时间、对健康和家庭环境的影响，以及在社会中获得的地位和得到他人的认同等。虽然这些描述都是具体的，但对于某些人来说，成功可能并不是那么容易描述的。它可能是一种心情的愉悦，可能是工作环境的和谐，也可能是完成工作后的满足感。具有不同价值观和观点的人对于成功有着各自不同的定义，因此每个人都需要根据自己的实际情况来设定成功的准则。

(1)职业生涯目标的分解

为了实现既定目标，我们需要经历长时间的努力和奋斗。将宏大的目标拆分为数个具体的小目标可以使我们的实现策略和内容变得更为明确，这需要通过完成众多的小目标来共同推动大目标的达成。职业生涯的目标可以分为两大类：一类是根据其性质将外部和内部的职业生涯目标进行拆分，而另一类则是根据时间将其细分为短期、中期、长期以及最终的目标。

第一，按性质分解，可将职业生涯分为外职业生涯和内职业生涯。职业生涯作为职业的外部条件，涵盖了工作环境、工资待遇以及工作职责等多个方面；职业生涯构成了职业所必需的内部条件，这些条件涵盖了个人的知识储备、专业能力以及心理承受力等多个方面。

外部的职业发展主要取决于职业供应者，而内部职业发展所需的环境则需要由个体来塑造。从某种角度看，外部的职业路径可能随时发生变化，而内部的职业路径则不太可能轻易调整。内部职业生涯的成长促进了外部职业生涯的进步，只有当内部职业生涯得以实现时，外部职业生涯才可能获得成功。只有当一个人的职业生涯，也就是工作所需的所有素质都齐备时，他才能找到他心仪的工作。

职业生涯的外部目标具有明确描述的能力，这些描述涵盖了工作地点、工作内容、职务、职务进展目标以及经济增长目标，其中，经济增长目标和职务进展目标尤为关键。职业生涯的目标包括工作能力、工作成果、心理素质和价值观这四个方面的目标。

工作能力是指处理问题和完成任务的能力，设定工作能力目标可以让人真正感受到自己对职业生涯的发展规划；工作成果的目标涵盖了诸多方面，包括创造新的管理模式、提供创新的管理建议以及实现新的工作成果等。值得强调的是，工作成果目标不仅涵盖了外部的职业生涯目标，还包括了内部的职业生涯目标。尽管工作成果目标在表面上看似是外部职业生涯目标的一种，但其具体内容确实与内部职业生涯目标的标准相吻合，例如工作知识的获取和工作经验的累积等方面。

在个人职业生涯的发展中，心理素质扮演着极为关键的角色。那些能够达到职业生涯规划目标的人，他们的心理承受能力通常非常出色。

面对困境时，这些人会全力以赴地去克服，并在这个过程中持续地反思自己的问题，积极地寻找解决问题的策略，以此来不断地提高自己的能力。那些心理素质不足的人，在面对困境时，往往不会深入探究问题的根本原因，也不会主动寻找解决问题的途径。

观念目标反映了一个人对于职业生涯规划的看法和立场，持续的观念更新是职业生涯规划持续进步的关键，而职业生涯的进步是从观念目标的更新开始的。

第二，按时间分解，可将职业生涯分为短期目标、中期目标、长期目标和最终目标。这些建议的目标是按照达成的时间来确定的，通常短期目标可以在一到两年内完成，中期目标可以在几年内达成，长期目标可能需要十几年，而最终的目标则可能需要数十年的时间。由于短期目标的时间限制是最短的，因此应当明确标注实施的具体方法和预定的执行时间。

短期目标的特征是：这并不一定是个人所决定的，也有可能是由上层机构指派给个体的；短期的目标制定不必完全基于个人的观点，但应确保在个人能够接受的界限之内；为了确保短期目标能够顺利达成，我们需要清晰地设定实现这些目标的方法和预定的时间，这样才能方便地进行实际操作；短期的目标需要具备出色的适应能力，能够应对在实施过程中可能出现的各种变动。

中期目标的特征是：基于个人的愿望和组织的标准，目标与个人的价值观高度一致。每个人都有实现这些目标的自信，可以通过语言和文字为目标提供详细的量化描述，目标的实现时间也相对清晰，可以根据实际工作需求进行适当的调整。

长期目标的特征是：经过深入的分析，个体确定了与其职业生涯发展相匹配且有潜力实现的目标；对于每个个体来说，目标都带来了不小的挑战；一个人的目标应当与其个人的发展价值观相一致，个体在追求目标的过程中应充满斗志，并因实现目标而感到自豪；仅能通过文字或语言来做出定性的描述。

(2)职业生涯目标的组合

通过对各种目标的整合，我们可以更好地利用它们之间的联系，从而更有效地达成最终的目标。目标间并不是互相冲突的，它们之间确实存在因果和互补的联系，基于这些联系，我们可以合理地组合它们，总共有三种不同的组合策略。具体如下：

第一，根据时间进行组合，有并进和连续两种方式。并进描述的是在追求一个目标的同时，也在追求另一个目标的过程。这样的状况可以划分为两大类：其一是工作内容的两大目标同步进行，比如，某些公司的行政监督机构会同时处理人力资源和行政管理相关的任务；另外一种方法是在完成自己的工作职责之外，努力追求更多的目标。例如，在完成自己的工作职责之外，培养特定的技能是一个相对复杂的过程。这需要个人拥有出色的时间管理技巧，当两个或更多的目标同时达成时，这将对个人的能力产生巨大的正面影响。连续性是针对连接前后的两个目标设计的，一旦实现了一个目标，就可以迅速转向另一个目标。短期目标实际上构成了最终目标的一个组成部分，一旦实现了这些短期目标，中期目标便会转变为下一阶段的目标，然后按照这个逻辑，逐步推进各个阶段的目标，最终达到最终的目标。

第二，根据功能进行组合，各个目标之间的因果关系和互补关系是根据功能划分的。因果联系意味着一个目标的达成将促进另一个目标的达成，比如，增强个人的工作技能将有助于达到晋升的目的。互补关系描述的是两个目标之间的相互补充关系。例如，一个从事管理职务的人可以获得工商管理硕士学位，这两个目标相互补充，使得管理工作更容易获得证书，而获得证书的整个学习过程为管理工作提供了宝贵的理论支持。

第三，根据个人、家庭与职业生涯的关系进行全方位组合。职业生涯与个人的日常生活有着紧密的联系。在制定职业生涯规划的过程中，个人需要综合考虑未来的生活状况、家庭环境等多个因素，并妥善协调这些因素之间的相互关系，以便从多个角度出发，制定出更为合适和合理的职业规划方案。

(3)职业生涯目标的确立原则

职业生涯目标的确立需要遵循六个方面的原则：一是目标明确性，为了确立职业生涯的目标，我们需要明确在各个阶段需要达成的具体职责；

二是目标可衡量性，所指的职业生涯目标的设定应当是可量化的，也就是说，需要有明确的数量、时间和相关的数据；三是目标相关性，这意味着目标的设定需要与职业成长紧密相连；四是目标时限性，这意味着职业生涯的目标必须在规定的期限内达成；五是目标集中性，这意味着我们应该有一个明确的目标，不能过于宽松，否则就等同于失去了明确的方向和发展的焦点；六是目标的可实现性，意味着目标的设定不应过高，而应基于个人的实际能力，并通过个人的持续努力来达成。

职业生涯目标的确立需要注意七个方面的内容：一是目标是确保满足社会进步和组织成长的需求；二是，我们的目标应当基于每个人所擅长的领域来设定；三是，我们的目标应该与当前的实际情况保持一定的距离，但同时也不能过于理想化或与现实脱节；四是，目标的范围不应过宽，而应选择一个相对稳定的研究方向进行深入探讨；五是，短期目标与长期目标之间应当存在某种程度的相互联系。长期目标为短期目标的发展方向提供了明确的导向，而短期目标则是实现长期目标的基础保障。这两者之间的相互关联有助于推动职业生涯目标的最终达成；六是，我们的目标不应过于抽象，而应该是具体和精确的，避免设定过多或过复杂的目标，只有这样，精确的目标才能更容易达成，从而更有利于个人的成长和发展；七是，职业目标应与家庭、个人和健康状况保持一致，因为身体和家庭构成了事业成功的基石和前置条件。

(4)职业生涯目标的路线选择

在明确了职业生涯的规划目标之后，我们需要规划实现这些目标的具体方向和策略，这些方向的选择不仅基于目标本身，而且是实现这些目标的核心要素。根据不同的目标，人们会选择不同的发展路径，而这些路径又对个体提出了各自的期望和要求，因此在规划路径时，必须非常谨慎，并以职业目标作为决策的基础。

决定职业生涯的目标路径也会对未来的人生走向产生影响。如果你希望走上正确的道路，那么你必须进行深入地思考，这样才能找到真正适合自己的成功之路。在规划路线的过程中，需要综合考虑三个关键因素。首先，我们需要思考与自己的价值观和兴趣相匹配的方向；其次，我们需要考虑与自己实际情况相匹配的因素，例如性格、知识程度和能力边界等；最后，我们需要从社会环境的角度出发，全面考虑政治和经济的各种要素，以确定一个有潜力的发展路径。

（5）职业生涯目标的规划实施

在制定和执行职业生涯目标的过程中，主要需要遵循三个核心步骤。首先，我们需要明确我们的目标。在设定了明确的目标后，我们规划了实现这些目标的详细流程。其次，当存在多个职业目标的规划方案时，我们可以通过对比来选择最适合的，然后根据计划进行具体的执行，并对实施结果进行检查。如果发现结果与我们的预期存在差异，那么我们应该对现有的方案进行适当的调整。最后，如果问题仍然悬而未决，那么我们需要重新审视目标的制定。这里要强调的是，尽管组织不会妨碍员工的个人成长，但它确实不会主动地为员工的职业发展提供有利的环境和条件。

二、培育大学生就业创业的健康心理品质

在高等教育体系中，解决大学生就业难题是一个关键环节，因此，评估各高等教育机构实力的一项重要标准便是毕业生的就业率。目前，教育的发展方向正从“精英教育”向“大众化教育”转变，同时，进入大学的门槛也逐渐降低，每年的应届毕业生数量都超过了市场的需求。在国家倡导“大众创业，万众创新”的双重创业氛围中，就业和创业的竞争变得更为激烈。对大多数大学生而言，他们的社交网络和财务资源都是相似的，因此，在求职市场上想要突出重围，他们的心理承受能力显得尤为关键。因此，大学生不仅需要培育出健全的心理状态，还需要确立正确的价值观念。

在就业创业的大环境下，帮助和引导大学生塑造健康的心理素质具有三点重要意义。第一，高等教育机构的毕业生在求职时面临着复杂的目标和心理状态，他们的类型繁多，并受到多种实际因素的制约。一个健康的心理状态可以帮助他们建立正确的职业观念，从而更好地选择工作；第二，最近几年，大学毕业生的数量持续上升，这无疑增加了他们的就业压力。那些已经习惯了单调的校园生活的大学生，在面对复杂的社会环

境时，他们的心理压力和消极情绪也随之上升。因此，对高等教育机构而言，有必要构建和完善针对大学生的心理支持体系；第三，培育健全的心理品质对于塑造和完善大学生的人格特质具有至关重要的作用。我们应该教育他们形成正确的职业选择和就业观念，协助他们积极应对各种挑战和失败，并进一步增强他们的自我成长能力。

（一）大学生就业创业健康心理素质培育的内容

健全的心理状态构成了大学生在就业和创业过程中心理素质培养的必要条件和基础。大学心理健康指的是大学生应当拥有以下的健康和良好的心理状态：身体健康，智力发展正常；具有独立而完整的人格特质，以及坚定不移的意志；拥有良好的人际沟通技巧。在具备以上健康心理的同时，大学生就业创业健康心理素质培育还应做到以下四个方面：

第一，增强大学生健康的就业创业意识。尽管现在的高等教育已经普及到大众，但仍有许多大学生在职业观念上展现出强烈的精英倾向，并对未来的职业选择抱有过高的期望。一方面，由于自身在就业准备和能力方面的明显不足，这与企业对于人才的实际需求存在不匹配的情况，从而导致了较低的就业和创业率；另一方面，当大学生从轻松的学校环境步入职场，如果不能迅速地进行角色的转变，他们可能会面临较大的心理和工作上的压力，这也是他们逃避就业和创业难题的关键原因。因此，强化大学生的就业和创业意识，让他们对社会工作的需求和个人素质有更深入地认识，并建立一个更全面的就业和创业观念，成为指导大学生进行有效就业和创业规划的关键步骤。

第二，提高大学生的就业创业能力和综合素质。为了在职业环境中获得真正的竞争上风，大学生需要不断提升自己的专业技术和全面的个人素质。面对日益增长的就业市场压力，众多学生选择走上自主创业的道路，这在一定程度上解决了他们的就业难题。然而，在当前阶段，大学生创业成功的几率相对较低，这主要体现在三个方面：首先，大学生缺乏足够的社会经验；其次，他们过于理想化，难以有效地应对创业过程中的风险和挫折；对于自主创业的人来说，他们不仅需要拥有深厚的专业知识，还必须具备强烈的事业追求、出色的领导才能、创新精神和管理技巧等，这使得大学生在短时间内难以胜任企业的领导角色；由于资金短缺、缺乏相关的社交网络和政策扶持，许多大学生在创业过程中经常面临困境。因此，大学生需要致力于培养他们的就业和创业技能，同时也要提高他们的综合能力。

第三，培养大学生坚定的就业创业意志。创办企业是一个充满挑战和长时间的旅程，充斥着各种不确定因素，遭遇的困难、打击和失败都是难以避免的。对于那些选择自主创业的大学生来说，拥有坚定的决心、勇于面对各种风险以及不断创新和进取的态度，这些都是他们在创业过程中必不可少的心理特质。

第四，鼓励大学生大胆创新，支持创业。大学生构成了一个充满活力的集体，他们的创新欲望和驱动力是推动他们个人以及整个国家向前发展的关键因素。因此，我国也积极推动和激励大学生进行创新和创业活动，发布了一系列旨在支持创业的政策，以引导更多的大学生走向创新和创业的道路。

(二)大学生就业创业健康心理素质培育的机制

1.搭建更完善的就业创业平台

大学生在创业过程中通常正处于项目研究和开发的阶段。鉴于资金和经验的不足，学校有责任为他们构建一个全面的就业和创业环境，并提供必要的平台资源以及相关设备。一方面，通过降低风险和成本，协助大学生创业创新研究项目的成果转化，以便在项目执行过程中更有效地修正和完善研究成果；从另一个角度看，这也有助于大学生更好地理解和积累他们的就业和创业经验，增强他们的综合能力，并在实际操作中不断学习和成长。

2.完善就业创业心理健康素质教育课程体系

为了培养大学生在就业和创业方面的心理健康素质，我们必须建立一个完整的课程体系，并在考虑学校教育特点的基础上进行因材施教。首先，我们应当设计合适的心理教育课程，并为心理教育分配适当的时间，确保学生在学习的旅程中获得实质性的收获。此外，我们还组织了线上和线下的心理健康知识竞赛和辩论，或者为大学生提供了关于就业和创业心理健康的讲座，旨在帮助学生在交流和沟通中建立正确的就业和创业观念。最终，在教师的教学和传播活动中，他们可以融合专业知识和个性化的教学方法，从而成为学生知识的传递者和思想的引导者。构建一个全面的大学生就业与创业心理健康教育课程体系，是对大学生在就业和创业过程中心理健康培养的关键路径。

3. 开设专门的就业创业心理指导课

在大学生的就业和创业旅程中，由于项目和课程的压力，他们可能会遭遇心理问题。尽管心理课程可以帮助预防某些心理问题，但当真正的心理问题浮现时，由资深心理医生进行干预是最为高效和迅速的方法，这也是预防心理健康问题和提升心理健康水平的关键手段。

4. 加强大学生抗压能力锻炼和挫折教育

在求职和创业的旅程中，每个人都会遭遇各种困难和打击，但拥有管理自己情感的技巧，能够以一个积极和乐观的心态去应对和解决这些问题，是大学生在求职和创业过程中所必需的心理品质。通过设计合适的挫折场景和组织户外活动等多种实践手段，高等教育机构能够锻炼大学生的意志力，提高他们面对挫折的应对能力，并防止他们因短期的挑战或失败而产生不自信或甚至放弃自我。

（三）大学生就业创业健康心理素质培育的路径

将社会主义核心价值观整合到大学生的就业和创业心理教育中，是引导大学生确立正确的就业和创业观念的关键步骤。在当今多元化的社会环境中，大学生对于就业和创业的观念呈现出多元化的趋势，其中不可避免地包含了诸如不诚信和过于功利等价值观的偏离。从当前的情况来看，将社会主义核心价值观教育整合到大学生的就业和创业心理健康培养中，并引导他们形成与核心价值观相符的正确的就业和创业观念，对于大学生的心理健康建设和传播具有深远的教育和指导作用。

要想将社会主义核心价值观有效地融入大学生的就业和创业心理健康培养中，国家的积极宣传和学校的全力支持是不可或缺的。在对国家进行宣传的过程中，我们应该加强对社会主义核心价值观的普及和宣传，通过更多的网络拼图、传统的宣传途径和宣传标语等多种方式，来进一步加强对社会主义核心价值观的普及和宣传。在教育领域，我们必须与国家的宣传和教育工作保持紧密地合作，视社会主义核心价值观的教育为每位教师的核心职责。我们需要实施全员参与的教育理念，并探索更多将社会主义核心价值观与学生的就业和创业心理健康相结合的教学方法，从而全方位地提升学生的心理健康状况。

第二节　大学生心理健康教育中的生命教育辅导策略

一、大学生生命教育辅导及其原则

高等教育机构实施生命教育辅导不仅满足了大学生的全面成长需求，同时也是他们健康发展的紧迫任务。教育的核心目标是促进生命活力的健康成长，所有促进生命活力增长的行为都是教育的一部分。

(一)大学生生命教育辅导的目标与内容

1.大学生生命教育辅导的目标

大学生生命教育辅导的目标体现在以下三个层面：

第一，培养大学生珍爱生命的意识。我们的目标是让学生在教育的全过程中深刻感受到作为人类的重要性和价值。他们应该重视生与死的关系，珍爱自己，保护生命，理解生命的不易，同时也要体验到生命成长的困难和痛苦。我们应该认真地生活，发挥生命的光芒和热情，以获得尊严。

第二，促进大学生规划发展生涯。在教育的全过程中，学生能够深刻感受到人的本性。在确立了尊严之后，我们需要进一步塑造生命的未来，并在个人的自我认知、休闲活动和人际关系等多个方面设定清晰的努力目标，以塑造一个更加精彩的人生。

第三，促进大学生的自我实现。大学生需要学习如何在适当的时机建立自己的梦想，并努力使这些梦想与实际情况相一致，从而实现自我价值。在生命的成长和发展旅程中，我们可以积累许多与“理想与现实相一致”的自我实现经验。

2. 大学生生命教育辅导的内容

大学生生命教育辅导涵盖了四大核心内容：引导大学生深入理解生命的真正价值，并进一步培养他们对生命的尊重和热爱；我们应该加强大学生对他人的关心，使生命更加丰富，并提升生命的价值；帮助大学生回顾和反思自己的人生旅程；教导学生要对自己和他人持有尊重态度，并对社会保持关心。

（二）大学生生命教育辅导的重要原则

高等教育机构在为大学生提供生命教育指导时，必须遵循特定的指导原则，旨在实现生命教育的既定目标。这一准则的建立和在教育实践中的应用，应当在整个教育过程中都得到体现。生命教育的核心理念、本质、目标、宗旨和规律在生命教育原则中得到了明确地体现。

1. 体验性原则

在大学生的生命教育辅导中，体验性是一个不可忽视的核心原则，我们在教育过程中应当高度重视体育活动的重要性和价值。

（1）指导带领大学生体验生命的存在

在进行大学生生命教育的过程中，我们需要积极地引导和领导他们去体验生命的存在，并通过这种真实的体验来帮助他们认识到生命存在的真正含义。大学生体验生命存在的方式主要有两种：一是被动地体验，这种体验是自发的、频繁的、直接的，能够让人深刻感受到。被动体验的独特之处在于，获取体验并不依赖于主体的努力或思维的转变，而是能够自然、直接地深入到人们的心灵深处。第二点是积极地体验，这需要个体主动地付出努力，将外部的环境和事物通过他们的内在情感转化为他们的内在意识和体验。通过主动地体验，我们可以获得新的洞察、新的洞察、新的历史背景以及全新的精神领域。

（2）加强体验模式的设计工作

体验模式设计作为大学生生命教育的核心部分，有助于增强大学生的体验技能，并推动他们生命的健康成长。为了提升大学生在生命教育方面的体验感，我们构建了一种体验模式设计，旨在全方位和整体地增强大学生的体验。体验模式设计以其情境性、主体性和设计性为显著特点，这有助于深入挖掘和增强生命的价值。

(3)在生活中进行生命体验

大学生命教育的目标是引导大学生走出相对封闭的校园，去体验生活的多姿多彩，让他们在美丽的自然景观中感受大自然的神奇力量，在真实的社会环境中体验人们的真、善、美，不断地丰富生命的体验，提升生命的价值。

2. 生成性原则

对于大学生的生命教育辅导，我们应当坚守生成性的原则，并从后天的生成视角出发，为大学生的生命提供更为深入的指导和促进。

(1)重视生命教育中的生命成长过程

生命教育的目标是让大学生深刻理解，生命的真正价值体现在对思维生成过程的反思以及对个人成长的反思上；生命的真正价值体现在个人的成长和自我实现上，而生命教育则强调自我意识与精神的培养。

(2)加强大学生和谐生命关系的建设能力

和谐相处的社交环境有助于大学生更迅速、更有效地发展，特别是在大学阶段，这是个体从稚嫩走向成熟的关键阶段，因此，如何妥善处理社交关系变得尤为关键。生命教育不仅有责任，也有义务去协助大学生拓宽与生命的联系，并协助他们构建与自然界、社会环境、家庭、教师、同学乃至自我之间的沟通桥梁；生命教育的另一个重要方面是协助大学生在人与人之间的交往中明确自己的定位，确保他们在一个充满活力、上进心、进取心和无尽发展空间的和谐生活中，持续地为生命提供营养，助力生命的成长，并促进生命的提升和进步。

(3)尊重生命个体的差异性和独特性

在进行大学生的生命教育时，教育者应当持有开放、多样和不断变化的教育观念，从一个宏观和整体的角度来看待大学生的生命教育，尊重他们的个性和差异，同时也要重视他们的个人成长、情感进展和追求。生命教育的生成性是决定生命教育成果的关键，其核心目标是培育具有独特个性的大学生。

(4)注重大学生内心的自我塑造与自我创造培养

在大学生生命教育的培育过程中,我们应当坚持生成性的教育原则。在不断演变的外部环境和个人经验的驱动下,我们需要塑造出全新的精神风貌。通过注入新的活力,我们可以激发学生对过去自我的不满,进而帮助他们塑造和创造自我,使他们朝着更高的自我标准发展。在生命教育的旅程中,我们需要不断地进行实践和思维的转变,将外部的能力逐步转化为对自己内心的塑造和创造,持续地唤起对过去的不满和对未来的期望,从而推动大学生朝着更高更好的目标前进。

3.幸福性原则

生命教育的中心思想是幸福性原则,这意味着要引导大学生正确地理解和认识到幸福,这样他们才能真正追求并感受到幸福。大学生生命教育辅导的幸福性原则,主要体现在以下五个方面:

(1)引导大学生秉持以幸福为基础的生命理念

幸福构成了人们行为的基础,而生活的终极目标便是追寻幸福。大学生正经历一个充满不确定性的青年阶段和社会转型时期,生命教育的目标是引导他们坚守以幸福为核心的生活哲学,使他们明白追求和实现幸福是人生的根本价值,从而让他们的整个人生都充满对幸福的渴望和享受,理想中的生活便是过上幸福的日子。

(2)引导大学生追求高层次的幸福,维持幸福的持久性

生命教育有助于大学生在生理愿望与实际生活需求之间找到一个平衡点,这不仅有助于他们实现生理愿望,还能让他们感到满足,并进一步追求更高级别的幸福生活。追寻幸福的旅程充满了欢乐、充实和意义,这不仅能增强幸福感,还能让人感受到真正的价值。

(3)培养大学生丰富多彩、快乐纯真和真诚恳切的幸福感

幸福代表着人们对生活的一种正面感受。培育大学生的幸福情感并不仅仅是简单的教育过程,它需要通过日常生活中的情感,如父母的亲情和友情,悄悄地去影响和感染他们。因此,在进行大学生的生命教育时,教育者应根据每位学生的具体情况,创造适宜的教学环境,并根据实际情

况选择最合适且高效的教学方法，帮助他们建立一个幸福的情感生活。

(4)通过实践感受生活、感受幸福，从而培育幸福感

幸福是生命的核心，生活中洋溢着无尽的快乐。幸福是一种由主观体验和客观环境共同影响而产生的情感状态，通过对生活的实际体验，有助于实现主观感受与客观条件之间的和谐统一。大学生有机会通过实际操作来体验到幸福的感觉。教育工作者在教授生命教育课程的过程中，不应直接给予大学生幸福感，而应通过教育和指导来帮助大学生通过实际操作来增强和提升他们的幸福感。

(5)培育大学生直面挫折的勇气，培养淡泊名利的幸福感

高等教育机构通过生命教育辅导课程来培养大学生对名利的淡然态度，丰富他们的精神世界，提升他们的人文修养，使他们能够平静地面对社会的浮躁氛围，直面自身的缺点、问题以及所经历的困难和挫折。在实际操作中，我们需要站在一个更高的视角，对问题和事物有更长远的看法，并进行更深入和细致地思考。

4.超越性原则

在为大学生提供生命教育辅导时，教师需要激发他们的超越性，引导他们将更多的精力集中在学习上，注入更多的热情到学习中，制定人生目标，树立远大的理想，勇于面对各种问题、困难和挫折，培养他们的奋斗精神和积极向上的态度，帮助他们实现自己的人生理想和生命价值。

(1)培养并唤醒大学生的超越意识

尽管大学生在长时期内积累了丰富的知识并展现出强烈的超越精神，但仍有大量的大学生并未真正展现这一点。在生命教育过程中，教师需要激发学生的超越意识，让他们明白，只有通过不断地努力和挑战，才能实现自己的目标和人生价值，这样的人生才是完整且有意义的。此外，唤起超越自我的意识可以有效地激发大学生的创新和创造潜能，帮助他们不断超越自我，追求人生的真正价值。

(2)实现从应然到实然再到更高层次应然的螺旋式提升和超越

人生的本质是一个追求自我并努力超越自我的旅程。在进行生命教育时，我们需要根据大学生的实际情况，充分利用外部环境，并根据实际

情况来激发他们的超越自我的意识。我们应该指导大学生们深入了解自己的实际情况，设定切实可行的目标，并激发他们的热情去提升、改变和超越自我。通过“设定目标—努力实践实现目标”的发展策略，我们可以将理论转化为实践，并在这一周内产生新的实践循环，最终帮助大学生实现持续的进步和超越。

(3)引导大学生感悟生命价值，培育其淡泊名利和超越自我的情怀

生命教育的核心目标是指导大学生在日常生活中寻找积极和正面的事物，鼓励他们进行深入的自我反思和总结，鼓励他们勇敢面对各种困难、挫折和挑战，培育他们的吃苦耐劳和攀登精神，使他们真正理解生命的真正意义和价值，助力他们不断提升和超越自我，为他们打造一个精神的乐园。

(4)培育大学生反省、质疑和批判的能力

人们有能力通过自我反思、提出疑问和进行批评来增强和超越自己的价值观。在生命教育的过程中，我们需要协助大学生突破现有的限制，培养他们的反思、质疑和批判能力。这样，他们在未来的学习旅程中会更加注重自我反思，避免盲目崇拜权威，勇于对知识质疑和不同的见解，将批判性思维融入学习过程中，从而实现自我超越的目标。

二、大学生生命教育辅导的策略分析

(一)加强心理辅导是大学生生命教育辅导之基

对于大学生的生命教育辅导，持续强化心理辅导是其前置条件和基石。心理辅导的核心目标是协助大学生克服他们当前面临的各种心理和障碍，这不仅是确保他们顺利完成学业和全面成长的基础，也是维护他们生命安全的关键手段。高等教育机构应当借助游戏和讲座等多种方式，向大学生普及心理健康的基础知识。同时，通过主流媒体渠道，将这些心理健康信息深入到学生的日常生活、学习和社交活动中，从而在不知不觉中加深学生对心理健康教育的认识和理解，进一步提升他们面对挫折和

挑战的应对能力。此外，所有高等教育机构都应该从多个角度关心学生，挑选那些心理承受能力出色的教师或学生来进行心理观察和辅导，以便及时识别并解决存在的问题。

（二）丰富课程内容是大学生生命教育辅导之源

为了加强大学生的生命教育，一个关键的支撑和手段是设计内容丰富且具有科学逻辑结构的课程。教科书是教育过程中最关键的工具，它起到了连接教与学的桥梁作用。因此，如果我们希望加强对大学生的生命教育，那么他们应该掌握那些内容丰富且具有科学逻辑结构的课程。在制定课程内容的过程中，我们应当将情感、人与人之间的交往、安全的知识以及如何应对突发状况等多种教育元素纳入其中，并确保这些元素被有效地融入“思政教学原理”和“大学生体育与健康”等相关课程中。此外，教育机构必须教导学生珍视他们的生命。具体的实践活动也是必不可少的，高等教育机构应该组织一些突发事件的模拟演习等，以不断加强对大学生的生命教育。简言之，我们必须不断地优化课程和活动的结构，为生命教育打下坚固的基石。

（三）优化文化环境是大学生生命教育辅导之魂

现代大学生生命教育的核心目标是创造一个和谐、文明且充满正能量的文化氛围。只有当文化环境得到适当的优化，我们才能更好地丰富和提升生命的深度和内涵，从而更好地体现生命的真正价值和实现人生的真正意义。文化是在特定的历史、文化和社会发展阶段产生的，不同国家和不同时期提倡的文化观念各不相同，这种文化差异对大学生的生命教育产生的影响也各不相同。身为现代的大学生，他们应当在高等教育机构的指导下，深入学习社会的主导文化，从而达到对文化的深度认同和增强对文化的自信。高等教育机构还需要进一步强化校园文化的建设，以形成一个积极健康的校园文化环境和氛围。

心理健康不仅是大学生健康发展的关键支柱，同时也是他们愉快学习的根本保障。这本书基于大学生心理健康教育的核心理念，从多个角度深入探讨了大学生心理健康教育和辅导的各个方面。它不仅涵盖了大学生的自我认知、完善的人格、积极的情感、适应和学习的心理培养,还深入探讨了如何在人际关系、恋爱心态和网络空间中进行调适。我们的目标是为大学生提供处理各种心理问题的指导,助力他们的心理健康成长。这对于帮助大学生正确理解自己的心理发展,并以一个积极、健康的心态面对生活,具有很高的现实意义和实践价值。

第四章　大学生心理素质教育模式研究

第一节　心理素质概述

一、心理素质的定义

当我们讨论心理素质时，首先需要明确什么是真正的素质。素质原是生理学中的一个核心概念，它描述了个体的先天生理结构特征，尤其是涉及神经系统、大脑以及感觉和运动器官的独特性质。目前，该技术在教育界得到了广泛的应用；这被看作是基于天生的特质，并与后天的环境互动，从而形成了一个相对稳定的身心组织结构的关键元素、属性或特点。

二、心理素质的结构

张大均对于心理素质的构成持有这样的观点：它是由认知特质、个性特质以及适应能力这三个方面共同组成的。从结构和功能的视角来看，心理素质是心理和行为的内容元素和功能价值的综合体，其中内容元素包括认知和个性两个基本方面，而功能价值则是基于内容元素衍生出的适应性（或称为适应能力）。更具体地说，人的认知品质体现在他们如何反映客观事物的过程中，他们直接参与到对客观事物的认知操作中，这也是心理素质的核心组成部分。人的个性特质体现在他们处理客观事物的方式上，尽管他们并不直接参与到对客观事物的认知操作中，但他们在认知过程中起到了调节作用，成为心理素质的关键驱动力。适应性描述的是个体基于其认知和个性特质，通过与社会环境的互动，在外部进行学习、应对和防御，而在内部进行控制、理解和调整所展现出的习惯性行为模式，它是心理素质结构中最具有派生作用的元素。因此，从本质上讲，心理素质是一个由认知特质、个性特质和适应能力共同组成的心理品质体系。

三、心理素质与心理健康的关系

心理素质与心理健康究竟是什么关系？

张大均持有这样的观点：心理素质与心理健康之间的联系可以被描述为"本质"与"标志"的关系。也就是说，心理素质是心理结构的核心部分，它是心理活动的基础（起到主导作用），而心理健康则是心理结构的状态层（表面或表面），它反映了特定的心理素质状态。更具体地说，心理素质代表了人的稳定和内在的心理特质，而心理问题则是由心理素质所控制的、消极的、负面的心理状态；心理健康水平与心理素质的高低之间存在着直接的联系，而心理健康则是心理素质表现良好的一个重要指标。通常来说，心理素质较高的个体很少出现心理问题，他们的心理状态往往是健康的；与此相对，那些心理素质较低的人更容易出现心理问题，他们的心理状态往往不太健康。因此，培养良好的心理素质是从根本上解决青少年和大学生心理问题的关键。为了确保大学生的心理健康，我们必须为他们提供高质量的心理素质教育，并努力培育他们健全的心理状态。

四、心理素质与人的全面发展

心理素质在人的全面发展中起着重要的作用。具体如下：

（一）心理素质是人的全面发展的基础

首先，人的心理素质影响人的体能。人的身体和心灵构成了一个不可分割的整体。一个充满自信、持有积极乐观态度、人与人之间的关系融洽、拥有坚定的意志和对生活的热情的人，他们的身体状况通常都是健康的；心理的不健康状态可能会对身体健康产生不良影响。例如，当人们长时间沉浸在紧张、焦虑、抑郁、悲伤、恐惧和愤怒的情绪中时，他们的食欲会受到影响，可能会变得肥胖或消瘦，这不仅会影响他们的体能，还可能引发消化系统的疾病，例如肠炎和胃溃疡。长时间的焦虑和愤怒可能导致血压上升，对心脏造成伤害，从而引发高血压和心脏疾病，极端情况下甚至可能发展为癌症。

心理素质也会影响人的智能的发展。例如，当人们处于高度的焦虑状态时，他们的智力可能会受到限制，可能会经历记忆力的减退和反应的迟缓。最普遍的情况是，在考试焦虑的时候，他们可能无法充分展现自己的智慧，从而导致考试的失败。

心理素质会影响人的活动能力。一个人的行动能力，也就是执行任务的能力，是在不断地尝试面对新的挑战、勇敢地克服困难、突破自我的实践活动中，通过不断地积累经验而发展起来的。一个人如果缺乏自信，不敢勇敢尝试新事物，也缺乏面对困难和挫折的勇气，那么即便他具备潜在的智力和体力，也无法在实际操作中提升自己的能力。当一个人的性格变得孤僻，无法与他人和谐共处时，这将妨碍他获取各种活动信息，如果没有他人的帮助，这将不可避免地影响他的工作能力和效果。

心理素质也会影响人的道德品质。当一个人过分地认同自己，把自我放在首位，而忽视了他人的情感和利益，那么他很难培养出高尚的道德风范。因此，在人的全面素质构建中，心理素质扮演着基础性的角色。

(二)其他素质对心理素质具有促进作用

心理素质不仅对人的全面发展产生影响，而且其他方面的素质也有助于心理素质的进一步提升。

当一个人的身体健壮并充满活力时，他通常会对自己的身体持有较高的自信，并展现出积极的情感状态。强健的体魄有助于个体更加积极地参与各种实践活动，从而提升自我价值感和增强自信心。

拥有出色的智慧可以让人具备敏感的感知和深入的思维，这有助于人们更深入地了解自己、他人和外部世界，并具备较高的适应性。拥有出色的智慧能够增强人们的行动能力，助力他们走向成功，并实现个人的价值。

一个人的道德水平同样会对其心理健康产生影响。那些对他人充满尊重和关心的人，往往能够赢得他人的尊敬和喜爱，建立良好的人际关系，从而更容易培养出积极乐观的情绪。

五、心理素质教育是现代教育的必然要求

健全的心理状态不仅是大学生个人成长和发展的必要条件，也是培养符合国家现代化需求的人才的必要条件，因此，学校有责任加强和重视大学生心理素质的教育工作。

(一)大学生成长发展的需要

随着人们身体的逐渐成熟，大学生在认知、情感、技能以及社交能力等多个领域都经历了一个不断完善的成长过程。

埃里克森持有这样的观点：一个人在出生后就会与其所处的社会环境产生互动，并在这种互动中逐渐成熟。他一方面出于个人成长的需求，渴望从外部环境(尤其是人际交往中)得到满足，但另一方面，由于社会的制约，他在社会适应过程中遭遇了心理上的挑战。

埃里克森把它描述为一个发展上的危机。他持有这样的观点：随着年龄的增长，人们在一生中会经历各种不同的成长阶段，而在每一个年龄段，都可能遭遇各种心理上的挑战，例如面对不同的社会适应性问题。这意味着人们需要持续地进行学习，通过经验来调整和适应自己，确保在每个阶段都能顺利完成适应性任务，从而实现持续地成长和发展。

埃里克森提出，人类的心理成长经历了八个不同的阶段。大学生正经历着人生成长中的青春晚期和成年初期。在这个阶段，大学生适应和发展的核心任务是建立一个正确的自我认知，也就是说，他们应该能够自主地做出选择，并有能力承担社会责任；有能力与他人构建深厚的纽带，或在此过程中实现彼此的共鸣。埃里克森持有这样的观点：增强亲密关系和构建健康的社交网络对于个体是否能够融入社会起到了至关重要的影响。完成这一阶段的心理成长任务是为大学生未来的心理发展打下坚实的基础，因此，教育机构应该通过心理素质的培养，帮助他们实现更为健康的心理成长。

对于大学生的发展，西方学者戚加宁提出了七项任务。

1. 发展能力

在大学的日子里，大学生有机会培养各种技能，这将增强他们展示这些技能的自信，这包括但不限于智慧、体能、社交技巧和人与人之间的交往能力。

2. 管理情绪

大学生每日都要应对各种各样的挑战，其中一些挑战源于学业、考试和论文写作，而另一些则来自人与人之间的关系和家庭背景。这导致了他们的情绪波动，既有正面的也有负面的。因此，大学生需要深入了解自己的情感，并采取适当的方法来管理这些情绪。这对一个人的整个生命轨迹都具有深刻和长远的影响。

3. 从独立自主迈向互相帮助

身为一名大学生，学会独立地承担起自己的责任显得尤为关键。在追求独立的过程中，我们也需要学习如何相互支持和包容，因为每一次的行为都会对自己和他人产生影响，有时个人可能需要做出某些牺牲或妥协以达到共同的理解。

4. 发展成熟的人际关系

与他人建立深厚的关系对大学生的日常生活产生深远的影响，因此构建健康的人际关系显得尤为关键。首先，我们应该宽容并欣赏他人与自己之间的差异，其次，我们需要具备与他人建立深厚关系的能力。为了保持这种甜美和亲近的关系，我们需要对自己有深入的了解、坚定的自信、持续的支持以及有效的沟通。

5. 确立自己的角色

对于大学生而言，明确自己的角色是至关重要的。这不仅会影响到他们的自尊和自信的形成，还会影响到他人对他们的满意度和接受度，以及他们对自己的看法和评价。

6. 发展目的

发展目的包括制订计划，确定方向、目标。主要包括以下三个方面：

一是职业上的计划及期望，二是培养个人兴趣，三是建立良好的人际关系。人生目标的制定往往与大学生自己的价值观及信念有关。

7.发展整合

大学生的价值观和信仰不仅是他们行为的导向，也构成了他们与人交往的基本准则。“整合”的定义是指行为与价值观的一致性、考虑到他人的利益、尊重他人的观点，同时也能确认自己的价值观和信仰。

联合国教科文组织设定了教育领域的四大核心目标，分别是：掌握知识、学习实践、学习团队合作以及学习如何生存和成长。这代表了对现代大学生适应与成长所提出的职责与期望。

(1)学会求知

追求知识是一个持续一生的责任。大学生应该对学习充满热情，不断地用新的知识来丰富自己的知识储备，不仅要精通本专业的知识，还要学习与之相关的各种人文和自然科学知识，具备跨学科的融合能力，具有综合分析问题、解决问题、在复杂信息环境下检索和判断的能力，以及持续创新的能力。掌握学习的技巧，不只是为了掌握知识，更关键的是培养一种了解这个世界的方法和技能。

(2)学会做事

大学生应当具备敬业的精神和对社会的责任感，他们需要有独立的生活技能、自主的选择能力、独立的决策能力、独立解决问题的能力，以及应对各种情境和环境的能力，这样才能不断地积累相关的工作经验，使工作更加高效。

(3)学会合作

在当代社会背景下，人与人之间的合作变得至关重要。掌握与他人和谐相处和合作的技巧，不仅是一种人际交往的能力，也是实现人生成功的重要人际资源。作为大学生，他们应当对他人持有尊重的态度，能够理解并接受他人的优点和缺点，具备与他人进行有效沟通的能力，并在这种沟通过程中形成深厚的合作伙伴关系，通过互相分享和交流来推动自己及他人的进步和成长。

(4)学会生存与发展

学习如何生存和成长，实际上就是学习如何成为一个好人。适应性和发展性的核心目标是促进个体的持续完善，使其人格更加成熟，并不断提升其自主性、判断力以及个人责任感。

大学生应当具备正确的人生观和价值观，明确的伦理道德和是非观念，能够遵循社会公德，确保自己的行为符合新时代大学生的行为规范。心理素质教育的目的是帮助大学生完成上述的成长和发展任务。

(二)大学生适应现代社会的需要

我国目前正处于一个前所未有的巨变之中，社会的竞争愈发激烈，生活的节奏也在不断加速，社会的多样性和复杂性都为现代社会的适应和进步带来了众多的挑战与压迫感。由于高科技的推动，国家的经济结构经历了调整，这导致了职业发展的不均衡性，新的职业开始崭露头角，而旧的职业逐渐减少，这为大学生的就业和职业选择带来了巨大的挑战；由于知识、学历和能力之间的竞赛，学历的价值受到了削弱；随着收入和财富的差距逐渐扩大，很多人的精神状态开始失衡；由于市场经济所带来的急功近利的心态，很多人的内心变得焦躁不安；传统与现代、东方与西方之间的价值观念的碰撞使得人们感到目不暇接，不知所措；在激烈的竞争和压力之下，人与人之间的关系变得越来越紧张和冷淡，导致人们普遍感受到深深的孤独与寂寞。如今，人们在社会适应方面的问题比过去任何时期都更为显著。随着现代社会压力的逐渐加大，人们面临的心理问题也相应地增加了。压力是推动力，而挑战同样带来了机会。随着现代社会的进步，我们面临了一系列新的挑战，如何培养出足够的自信和坚忍的意志，以应对激烈的竞争和应对高科技带来的各种考验？如何具备敏感的感知和预测能力，以及如何有效地捕获对发展有益的新资讯？如何具备果断的决策和判断力，并擅长捕捉发展中的机会？如何具备持续创新的才能，并在社会快速演变的过程中不断地实现个人价值？

身处人生关键转折点的大学生，在面对社会快速变迁的情况下，将不可避免地面临来自学术、人际关系、职业选择、事业进展以及恋爱和婚姻等多个方面的巨大压力。为了在社会中有效地适应和成长，大学生必须拥有自信、乐观、创新、团队合作和积极进取的心理特质。学校所培育的专业人士必须具备在当代社会中生存和成长的技能，这就要求我们加大心理健康教育的力度。

(三)培养国家现代化人才素质的需要

著名的美国社会学家英格尔斯持有这样的观点：在一个国家走向现代化的过程中，人民扮演着至关重要的角色。他持有这样的观点：如果一个国家的公民没有广泛的现代心理基础来赋予这一制度真正的生命力，或者那些实施和应用这些现代化制度的人还没有经历心理、思维、态度和行为方式的现代化转变，那么失败和畸形发展的悲剧将是无法避免的。即使是再完美的现代制度和管理方法，再先进的科学技术，也可能在传统人的手中变成一堆废纸。在英格尔斯等现代化研究领域的领军人物的推动下，全球众多学者均将现代化视为一种与人类心理、价值观和生活习惯紧密相连的转变过程。学者们普遍持有这样的观点，即人的现代化构成了国家整体现代化进程的中心和基石。只有当一个国家达到人的全面现代化、提高人的综合素质，并确保人们在心理和行为上都成为现代化的人，这个国家才有可能真正走向现代化。人的全面人格发展就像是一座大厦的基础，只有坚实的基础才能支撑起那座高耸的大厦，但人们常常只追求大厦的雄伟，而忽视了地下的基石。当我们观察到现代化的进程时，不应仅仅局限于现代化的物质表现，而忽略了具有现代化特质的人，以及对人的全面人格发展的重视。在我国推动现代化建设的过程中，某些地区出现了过分重视经济增长而忽视人的全面素质提升的情况，这导致了贪污、腐败、造假、自私自利、违法违纪和道德退化等一系列问题的出现。如果这些难题得不到解决，不仅会妨碍我国的现代化步伐，更有可能让我们已经实现的社会主义现代化目标化为乌有。大学生不仅是国家的基石和未来的希望，他们也是先进道德和精神文明的代表和传播者。为了构建一个现代化的强大国家，我们有必要培育他们出色的心理品质。

第二节　大学生心理素质教育模式的内容

一、目标

(一)高校心理素质教育的目标

高等教育机构的心理素质教育旨在以教育和个人成长为核心目标，以增强所有学生的自信心，挖掘他们的内在潜力，提高他们适应和发展的能力，并进一步提升他们的心理素质。

(二)目标的积极性

在高等教育机构中，心理素质教育的核心目标是教育和个人发展，这一教育模式具有积极的心理学属性。首先，从人的成长角度看，人的天性是充满活力的，每位学生都怀揣着追求个人成长的梦想，都渴望自己身心得到健康地发展。成功进入大学本身就意味着学生渴望接受更高级别的教育，以便能够全方位地发展自己，并在未来职业生涯中实现个人价值。因此，培养发展性心理素质的教育目标不仅与人的天性相契合，也满足了大学生的内心需求。再者，大学生在他们的成长旅程中，可能会遭遇各种疑惑，包括对自我认知的迷茫、与人交往的问题、在学业、恋爱和职业选择上的困惑等，这些建议都是短暂的。通过这些疑惑，我们观察到他们对个人成长和自我价值实现的强烈渴望。另外，正处于大学生活阶段的年轻人，从心理成长的角度看，正处于自我认同发展的关键时期。一方面，他们的心理逐渐走向成熟，但另一方面，他们还未真正融入社会，缺乏社会经验和稳定的情绪，因此在面对各种外部压力时，他们容易感到迷茫和困惑。因此，大学生在成长和发展过程中都会遭遇心理上的困扰。这些心理上的困扰并不能仅仅与心理问题或心理疾患相提并论。在高等教育机构中，心理素质教育的目标是协助学生挖掘自身的内在潜力，提升他们的适应性和发展能力，帮助他们摆脱困境，并最终实现个人成长。最终，高等教育机构的心理素质培训是针对所有学生的。尽管我们的目标是帮助少数学生克服他们的心理障碍并解决他们的心理危机，但我们的教育对象是所有的学生，我们的最终目标是提高他们的心理素质。随着学生心理素质的全面提升，遭遇心理问题的学生数量将逐渐减少。因此，在高等教育机构中，心理素质教育应遵循的基本原则是以整体为导向，同时也要考虑到个体差异。

（三）目标的独特性

高等教育机构的心理素质教育与医院进行的心理治疗有所不同。医院主要针对那些存在心理问题和疾病的患者进行心理治疗，他们采用的是生物医学的治疗方法，主要关注疾病的症状，并常常依赖药物进行治疗。高等教育机构中的心理素质教育与社会中的心理咨询服务并不是同一回事。在社会中，心理咨询主要集中于人们的心理健康问题，而提供帮助的主要手段是心理咨询。高等教育机构的心理素质教育主要针对心理发展正常的学生群体。这种教育方法是全方位的，涵盖了心理健康课程的教授、心理素质教育的推广、心理咨询服务、心理危机的干预以及心理素质教育的深入研究。

（四）目标的主动性

在高等教育机构中，心理素质教育的核心目标是积极地为学生提供教育，教导他们如何运用心理学的原理和技巧来调整和维护自己的心理状态，确保他们的心理健康得到维护。这种方法可以实现我国中医理论中“治未病”的理念，而不是仅仅等待学生出现心理问题后才给予他们心理支持。因此，在心理素质教育方面，我国的高等教育机构不仅符合我国传统文化的标准，而且在这方面表现得比一些国外高校提供的被动心理咨询服务更为出色。

遵循这一教育目标，我国高等教育机构中从事心理素质教育的教师们在实际操作中构建了一种将教学、教育、咨询和科研紧密结合的心理素质培养模式。这种工作方式融合了多种有助于学生心理成长的教育元素，不仅与学生的心理发展模式相契合，也满足了高等教育机构在心理素质教育实践中的需求，与国外相比，它也展现出了其独特的本土价值。

二、“四结合”心理素质教育模式的内容

“四结合”心理素质教育模式涵盖了心理素质教育课程教学、心理咨询服务、心理素质教育活动以及心理素质教育的科学研究这四个主要方面。大学生心理素质教育中融合了这四个方面，它们相互影响、相互渗透，共同构成了一个整体。在课堂教学过程中，通过系统地学习心理知识和进行心理体验，不仅加深了学生对心理健康的认识，还促使他们更加主动地关心自己的心理成长，并积极寻找心理咨询服务；在心理咨询过程中识别出的普遍问题已经成为心理素质教育课程的焦点，而心理咨询中的具体案例为教育教学提供了宝贵的参考资料；课外心理素质教育活动不仅丰富了课堂教学内容，还成功地培养了大量学生心理社团的核心成员，从而有效地推动了全校范围内心理素质教育活动的全面实施；心理素质教育的课程设计、心理咨询服务以及心理素质教育活动的实施，都为科学研究贡献了大量的实用数据；科学研究的理论成果进一步加深了对心理素质教育的理解。

(一)开设心理素质教育课程

为了辅助学生利用心理学的原理来调整他们的心态，各大高等教育机构陆续推出了大学生心理健康的公共选修和必修课程，并在此基础上进一步丰富了课程的内容。有些教育机构推出了如“性心理与人格发展”“大学生人际交往”和“大学生职业生涯发展规划”等多门课程，旨在通过教育这一核心途径来培育学生的心理品质。“大学生心理健康”课程不同于传统的知识教育课程，且具有以下特点：

1. 内容体系

重视素质的培育和提升。课程内容体系的设计是基于学生的实际需求，特别是针对大学生在心理成长过程中可能遇到的常见问题，而非仅仅依赖于理论知识的逻辑结构。例如，“大学生心理健康”这门课程涵盖了“大学生的自我认知”“大学生的社交互动”“大学生的情感管理”“大学生的性心理”以及“大学生的恋爱心态”等主题。基于实际的问题，我们选择

了与之紧密相关的理论知识进行探讨。由于课程内容与学生的实际需求紧密相连，这使得他们对学习充满热情，并能将所学应用于实际。

2. 教学形式

采用多层次的互动教学体验方法。为了更好地激发学生在教学过程中的主观能动性，激发他们主动学习的热情，并将心理健康的知识转化为学生的内在素质，我们采用了多层次的互动式教学方法。这种方法将学生在课堂上的互动体验与知识传授有机地结合在一起，使学生能够在实践中学习、在学习中实践、在参与中体验、在体验中领悟、在领悟中理解、在理解后内化，最终将其转化为自己的行动。教师们尝试了各种不同的互动体验方法，包括案例分析、互动游戏、角色扮演和心理剧等。这些活动与课程的理论教学相结合，激发了学生的学习兴趣，提高了他们的参与度，加深了他们对理论的认识，并教会了他们心理自助和助人的技巧，从而获得了心灵的启示和心理素质的提升。

（二）开展心理咨询

心理咨询的专业性和保密性对于帮助学生更深入地了解自己，以及解决他们在成长和发展过程中遇到的学习、社交、职业选择等心理问题，具有不可替代的重要性。在心理咨询过程中识别出的学生普遍存在的心理问题，构成了心理素质教育课程的教学焦点。在高等教育机构中，心理咨询主要集中在积极的心理导向上。积极取向心理咨询的核心理念是帮助学生了解并挖掘自己的内在潜力，鼓励他们利用自己的正面资源，独立地解决他们的心理问题，从而实现个人的成长。积极的心理咨询方法与高等教育机构的心理素质教育总体目标是一致的。

1. 注重规范性

我们需要借鉴国外的先进做法，并结合我国的实际操作经验，来制定一套既满足国际标准又适应我国高等教育特色的科学管理体系。其中涵盖了心理咨询的基本原则、操作流程、心理咨询员的角色和职责、访客预约咨询的流程和需要注意的事项、应对危机的策略和程序、心理评估和测试工作，以及专业的督导机制等，旨在推动心理咨询朝着更加科学的方向发展。

2. 注重专业性

高等教育机构中的专职心理咨询教师不仅需要具备健全的人格特质和专业资质，还应至少拥有心理学领域的硕士学位。他们还应持续接受专业培训和督导，以提升心理咨询的专业技能和水平，从而更有效地为学生提供高品质的心理咨询服务。高等教育机构的心理咨询室有权雇佣经过严格专业培训的兼职心理咨询师，但必须确保他们拥有合格心理咨询师的专业资格。

3. 注重个体性和团体性

在提供个别咨询服务的同时，也积极地进行团体咨询和团体辅导活动。集体辅导活动采用了创新的方式，与个别咨询相比，参与者数量更多，这完全满足了大学生的心理成长需求。

(三)开展多种心理素质教育活动

心理素质教育活动不受时间和空间的束缚，具有多种形式，它是对大学生进行心理素质教育的一个重要途径，也是一种广受大学生欢迎的教育方法，对学生的心理健康发展起着至关重要的作用。高等教育机构在心理素质教育方面开展了众多活动，例如通过校报、校刊等多种媒介，大力推广和普及心理健康的相关知识；组织各种心理健康相关的活动，如心理健康展览、专家演讲、心理沙龙、实地心理测试、心理咨询服务、团队培训以及征文比赛等。

在高等教育机构中，学生之间的朋辈辅导被视为大学生心理素质教育的关键组成部分。经过专业培训的学生社团、学生助理心理员、班级心理委员和宿舍长等核心学生团队，在大学生的心理素质教育中展现了他们的自助助人能力。

(四)开展科学研究

基于心理素质教育的实际经验，我们进行了大学生心理素质教育的深入研究。例如，进行大学生的心理健康调查，研究他们的心理成长模式，汇总在教学、教育和咨询中的经验，并将这些经验转化为有意识的理性洞察。这些建议能够把丰富的实践知识转变为科学的观点，为心理素质教育理论带来创新。利用这些理论来指导实际操作，有助于进一步加强心理素质教育的深度。

第三节　大学生心理素质教育模式构建的原则与方法

一个教育模式的构建是基于何种原则和遵循何种方法论，这些因素共同决定了该教育模式是否能够达到预定的教育目标。

一、高校心理素质教育模式构建的原则

高校心理素质教育模式构建要遵循主体性、整体性、发展性和系统性四个原则。

（一）主体性原则

高校心理素质教育必须坚持以学生为主体的原则。主体性在这里包含三层意思。

第一，学生是心理健康教育过程中的主体，是具有自我意识的人，而非被动接受教育的客体。心理素质教育的核心是将心理健康的理念和技巧，转变为学生内在的心理特质，这实际上是一个内化的过程。如果教育内容没有经过深入的内化，那么即使是最优质的教育内容也可能仅仅是表面上的，或者仅仅是教育者的个人愿望。在过去的思想政治教育实践中，教育者往往将自己视为教育的中心，而学生则被看作是教育的接受者。在授课过程中，不论学生是否愿意倾听，教师只需确保按照讲义的要求讲解完毕，便视为任务已经完成；在教学过程中，不论学生的喜好如何，只要教师亲自组织了这些活动，那么这就等同于进行了思想和政治的教育。面对这样的状况，学生们经常半开玩笑地说："你们自己来'玩'吧，我们不会和你们'玩'"。心理素质教育是一个使学生的心理得到内化的过

程,我们必须摈弃那种以教师为中心,以学生为对象的教育观念,必须坚定地建立以学生为中心的教育思想。

第二,要尊重学生的主体性。我们应当尊重每一个学生的主体性,因为每一个学生都是一个独特的生命个体,我们应该尊重他们的价值。鉴于每位学生都有其独特的遗传背景和后天的生活经历,他们的性格也各不相同,因此每个人都具有自己的个性特点。因此,在进行心理素质教育的过程中,我们不仅需要关注他们之间的共性,还需要注意他们的个体差异,并尊重他们的个性特点。我们应该致力于平衡共性与个性,而不是简单地使用统一的教育方法。尊重学生的主体性也意味着教育者需要保持一种开放的心态,多倾听学生的意见,而不是将自己的主观意愿强加给学生。

第三,要发挥学生的主体作用。我们应该对学生充满信任,确信他们具备自我发展的潜力和创新精神,并充分激发他们的主动性。无论是在心理健康教育的课堂互动环节,还是在各种心理健康教育活动中,我们经常可以观察到学生展现出令人震惊的洞察力和创造力。

在进行心理咨询的过程中,我们经常观察到来访的学生展现出自我转变的能力。因此,我们需要最大限度地激发学生的主观能动性,并激发他们的工作热情。

重视学生的主观能动性并激发他们的主动性,并不代表我们应该放任他们自由发展,也不代表我们应该减弱教师的指导能力。与此相对,激发学生的主观能动性会对教师提出更高的标准。教师需要激发学生的内部需求,深入研究学生的心理过程,并激发学生自我教育的积极性和主动性。

(二)整体性原则

高等教育机构的心理品质教育是为所有学生设计的。部分高等教育机构的领导持有这样的观点:心理健康问题的学生实际上是少数,因此没有必要过分关注这一问题,也没有必要让全体教职员工和学生都参与进来。对此问题的理解不仅关乎学校的教育目标,还涉及是否需要进行心理素质的培养。

正如我们在之前的文章中已经明确指出，高等教育机构的目标是培养出全方位发展的学生，这也意味着要确保每位学生都拥有健康的心理状态。因此，心理素质的教育旨在促进所有学生的全面健康成长，而不只是针对那些存在心理问题的少数学生。尽管我们应该特别关心和关心有心理问题的学生，以帮助他们的身心健康成长，但这并不是我们工作的全部内容。确保每位学生的内心洋溢着阳光，并维护他们的心理健康，这既是学校教育的核心任务，也是学校心理素质教育追求的终极目标。正是出于这个原因，我们需要从多个角度进行心理素质的教育，这包括心理健康的课程设计、心理健康的教育活动以及心理咨询服务等。仅当我们全心全意地为所有学生提供服务，并对他们进行心理素质的教育，我们才能培养出心理健康的观念，掌握心理调整技巧，提升心理健康的整体水平，并有效地避免心理障碍和疾病的出现。如果不这样做，不仅会妨碍教育目标的达成，还可能导致心理问题学生的数量持续上升，从而对学生的全面健康成长产生不良影响。

（三）发展性原则

在高等教育机构中，心理素质教育的核心目标是推动学生心理健康的全面成长，这一过程受到积极心理学的有力指导，并以学生的全面发展为导向。尽管我国在心理素质教育方面起步相对较晚，并在其发展历程中受到了西方生物医学模式下的心理治疗观念的影响，但一些学校更多地关注学生在学习和生活中遇到的各种问题和困扰，认为心理素质教育的核心目标是解决这些心理问题。在当前的消极心理学背景下，高等教育机构在心理素质教育方面存在一些问题。这些问题主要是以解决学生心理问题为核心目标，将教育内容主要集中在为行为不协调和适应困难的个体提供心理咨询。然而，对于大学生这一特定群体的积极心理特质的发展性教育和引导还不够充分，也没有充分挖掘和开发学生的积极心理体验和潜能。

这种基于生物医学的心理素质教育方式，在实际应用中并不完全契合大学生的心理成长模式。考虑到大学生的整体状况，大部分学生在心理上都是健康的。在大学生的成长和发展过程中，他们不可避免地会遭遇恋爱矛盾和就业心态的冲突，这些都是他们在成长阶段不可避免地会碰到的问题和困扰。面对这类问题，我们不应仅仅是被动地等待学生寻求心理咨询，而应该通过全面的教育和咨询手段，来增强他们的自信心，挖掘他们的心理潜力，并推动他们的个人成长。

从理论角度分析，随着人们对自我认知的不断深化，人们越来越倾向于从一个更为积极的角度去理解人性，并从发展的角度来推动人们心理层面的成长。因此，积极心理学已经崭露头角，成为现代心理学的新的研究方向。这一趋势挑战了心理学领域长达数百年的以心理疾病研究为核心的观点，提倡从一个更为积极的角度出发，用积极的心态去重新解读各种心理现象，并更加关注人类的健康、幸福和持续发展；重视挖掘人们的内在潜能和创造性，协助他们寻找并掌握实现幸福生活的各种手段和路径。积极心理学不仅关注心理问题和疾病的研究，而且在心理疾病的治疗和预防方面具有独特的见解。该学科更侧重于探究人的内在优势和价值，并运用更科学的手段来挖掘个体的潜能，以增强人们的自信，稳固人们对生活的信念，并协助人们过上健康的生活。在预防策略上，积极心理学阐述了积极预防的理念。该观点强调，仅仅关注个体的弱点和不足是无法实现有效预防的。相反，我们应该通过挖掘身处困境的人的内在潜能，系统性地培养各种能力，并塑造他们的优良品质，这样才能达到有效预防的目的。

积极心理学的理念与高等教育机构的培养目标是相符的。目前，高等教育机构在进行心理素质教育时，应当以积极心理学作为核心指导思想，确立一个有助于学生全面发展的目标。这包括培养学生具有自尊和自信的自我认知、积极乐观的情感态度、和谐友好的人际交往能力以及成熟完善的人格特质。同时，也需要努力营造一个有利于学生心理成长的环境，以便让他们能最大限度地释放自己的潜能，并促进自我关爱和自我成长。

(四)系统性原则

对大学生的心理素质进行教育是一个综合性的项目。在大学生心理健康课程中,教学方法、心理咨询服务、心理素质教育活动以及科学研究这四个方面是相互融合和相互影响的。在课堂教学中,系统地学习心理知识和进行心理体验可以帮助大学生更好地关心自己的心理成长,利用心理调节的理论和技巧来促进心理健康,降低心理问题的发生率。此外,课程教学还能增强大学生的心理健康意识,使他们更加主动地寻求心理咨询服务;在心理咨询课程和心理素质教育中,发现学生普遍存在的问题已经成为关注焦点。心理咨询案例为教学过程提供了丰富的参考资料,从而使得课堂教学更加具有针对性;在学校内外进行的心理素质教育活动不仅丰富了课堂教学的内容,还为课堂教学创造了一个宽广的实践环境;通过大学生心理健康课程的教学、广泛的心理健康教育活动和有效的心理咨询,我们成功地提高了学生的心理承受能力,培养了他们积极乐观的生活态度,并有效地避免了潜在的心理风险;深化心理危机的预防和干预措施,可以进一步增强大学生的心理健康意识,并鼓励他们更加主动地参与教育、教学和咨询等各种活动。

大学生的心理素质教育是一个紧密相连的整体,其中课程教学、教育活动、心理咨询和科学研究等各个方面都遵循其固有的规律。每一项工作的内部因素和各方面的协同工作都是相互关联的。因此,要想有效地进行心理素质教育,我们必须精心策划并认真执行每项任务,同时也要考虑到双方的相互关系。

二、高校心理素质教育模式构建的方法论

大学生心理素质教育的核心目标是推动学生的心理成长和发展。因此,在教育方法上,我们必须考虑到大学生的心理发展特性和规律。心理素质教育的方法主要包括互动、体验和实践三个方面。

(一)互动

所指的互动,实际上是一种基于对教与学之间关系的深入观察和反

思，并以建构主义和认知学习理论为其核心构建的教育策略。与传统的教育方法相对照，互动式教育更注重教师与学生之间的积极互动。在传统的教育模式里，教师被视为主动的教导者，而学生则被看作是被动的接收者。在互动式的教育模式中，学生的角色已经从单纯的接受者转变为学习过程中的中心参与者，他们的学习方式也从“被动接受”转变为“主动探索”，这种转变激发了学生的创新精神，并培育了他们产生新的认识和思考的能力。因此，在教育和咨询等各种活动中，教师和学生都是有意识、积极主动地进行交流或传递信息的人，他们都以一种积极和主动的态度参与其中。

与传统的灌输式教学方法相比，互动式教育的显著特点是在教学过程中强调“沟通”和“对话”，它鼓励师生和学生之间进行平等的讨论和交流，通过这种交互、反馈和整合，使得整个教育过程变得更加和谐统一。互动式教育不仅是一种对话形式，也是一种理解和创新能力培养的途径。

互动式教育强调“动”的重要性，意味着需要教师和学生共同参与的教育活动。在这些活动中，学生可以体验、理解和内化所学的理论知识，并在实际操作中将其应用，从而实现理论与实践的完美结合，增强理论与实践相结合的能力。

为了“动”，我们需要构建多样化的教育场景。例如，在教学活动中，我们可以设置如师生角色互换、情景模拟、小组讨论、案例分析、游戏活动和课外实践等环节，而在教育活动中，我们可以设置心理情景剧的自编自演、心理电影赏析和心理沙龙等环节。这样的互动方式有助于学生将理论知识与实际操作紧密结合，从而激发他们的创新能力。与传统教育模式相比，互动式教育是由多个组成部分构成的复杂互动，这包括教师与学生、学生与学生，以及人与环境之间的相互作用等。这种多维度的相互交流为教师和学生提供了丰富的信息资源，实现了相互教育、相互影响、相互启示和相互学习，从而有助于个人能力的全面提升。

（二）体验

在大学生的心理素质教育中，所有内容都应遵循体验式的教学方式，这种方式与传统的说教方式有所不同，它鼓励学生在实际体验中进行学习。

体验式学习是一种从个人经历中获得的洞察和理解，它不仅是一个学习的过程，也是学习的最终成果。在体验的“体”部分，我们强调利用大脑、眼、耳、舌等身体各部位来参与学习的过程。首先通过身体的感觉来获得深入的“直接体验”，随后这一体验进一步转化为理性的知识。体验式学习中的“验”是指经验，它既涵盖了经验的积累过程，也涵盖了所获得的成果。

体验式学习强调让学生通过亲身经历来体验和接触，从而产生即时的情感反应。在这个基础上，学生可以进一步思考、理解和应用这些体验，这是一种自主和内化的学习方式，而不是像旁观者那样机械地进行记忆。

体验式的学习方法强调情感的体验和激发学生的情感。在传统的教育方式中，我们主要关注大脑的认知教育，这主要涉及大脑左半球的逻辑活动。体验式学习鼓励学生先进行感知，然后再用语言进行表达，或者在感知的同时激发他们的内在语言活跃度，从而刺激他们的情感反应，并进一步推进他们的认知过程。这种方法成功地激发了大脑的右脑与左脑之间的协同效应，极大地发掘了大脑内的隐藏能量，为学生创造了一个轻松愉悦的学习环境。

体验式的学习方法强调团队之间的合作与分享。在集体讨论和分享的过程中，每个成员都会跳出自己的思维局限，从团体成员那里收集各种信息，对自己进行深入地反思和完善，从而实现个人成长。同时，他们也会为团体做出贡献，推动他人的进步和整个团队的发展。这不只是学习知识的旅程，更深层次地，它是向成熟迈进的旅程。

体验式的学习方法强调教师与学生的共同进步。在体验式的学习过程中，教师和学生都是不可或缺的参与者。学生在体验式学习过程中的洞察和思维不仅为学生带来了全新的学习体验，同时也为教师带来了新的启示，进一步丰富了教师现有的知识体系和教育资源。体验式的学习方式是教师与学生共同进步的学习旅程。

(三)实践

大学生心理素质教育的终极目标是帮助学生转变自我心理适应和自我发展的能力。对于能力的培育,只有通过实际操作,它才能转变为个体的主动行为。因此,在心理生态环境建设的各个环节中,都需要精心安排实践环节,确保学生能够“在学习过程中实践,在实践中学习”,并在实践中将心理学调节的理论和方法应用到实际操作中。这样可以帮助学生解决心理上的困惑,提升心理素质,并在需要帮助的时候,为周围的同学或其他需要帮助的人提供帮助,从而给他们带来快乐。在教授心理健康的课程中,教师需要构建实际情境并进行培训,例如在宿舍中解决人际关系的冲突,从而增强学生应对这些冲突的技巧;在课堂之下,我们为学生分配了实践任务,鼓励他们参与到班级的集体辅导活动中,从而使他们在实际操作中更深入地理解和应用所学的知识。

第四节 心理素质教育与思想政治教育

在我国的高等教育体系中,心理素质教育与思想政治教育被视为培养大学生全面素质的两大核心任务,它们之间存在着紧密的联系。将心理素质教育与思想政治教育紧密结合,不仅可以增强心理素质教育的成效,还能进一步深化思想政治教育的实施。

一、二者的相同点与不同点

心理素质教育和思想政治教育都是教育体系中不可或缺的一部分,它们在总体目标上是一致的。这两种教育都旨在促进大学生的全面成长和健康发展,培养具有高素质的人才,使他们能够成为社会主义建设的合格建设者和可靠的接班人。从现代的视角来看,“全面发展的人”不只是指那些拥有知识和能力的人,他们还应当具备强烈的社会责任和历史使命,拥有出色的心理承受能力、适应性和完整的人格特质。这既是心理素质教育追求的最高目标，同时也是思想政治教育的终极追求。然而，心理素质教育与思想政治教育从各自不同的角度对人的全方位成长产生影响。这两者在明确的教育目的、学科结构和教学内容方面存在众多的差异。

在心理素质教育中，我们主要关心的是个体在心理层面上的发展、潜能的挖掘以及个性的塑造和完善；其核心目标是协助学生更深入地了解自己，明白自己与社会之间的紧密联系，并激发他们的内在潜力，以便更有效地融入学校、家庭和社会环境。心理素质教育的核心目标是培育学生的健全心理特质，这种教育方式在学生的心理健康成长、预防和纠正方面起到了更为关键的作用。心理素质教育涵盖了为学生提供的心理辅导、智慧培养、情感指导、意志力培养和人际交往建议，这也包括为学生提供关于学习、日常生活、职业和恋爱等方面的心理咨询服务；此外，还涵盖了多种针对心理危机的干预措施。心理素质教育旨在解决心理健康成长的问题，其核心目标是完善受教育者的心智结构。它仅涉及健康或正常的问题，并不涉及对错、对与错的道德评判。

在思想政治教育中，我们主要关注学生的思维层次，协助他们建立基于科学的世界观、人生观和价值观，从而逐渐增强大学生的思想政治修养。思想政治教育是一个过程，其中教育者会根据特定的社会需求、受教育者的个人需求以及他们的身心发展特点和规律，有目标、有计划、有系统地对受教育者产生影响，然后通过受教育者的积极主动的内化和外化，逐步提高他们的思想政治素质。思想政治教育的核心内容是为学生提供马克思主义、毛泽东思想以及中国特色社会主义的理论指导，旨在培养学生坚定的理想、信仰和高尚的道德标准，并帮助他们建立科学的世界观、人生观和价值观。思想政治教育最显著的特质是它具有明显的阶级和时代特征，同时也具有明确的价值导向和道德评估准则。

二、相辅相成

心理素质教育与思想政治教育之间的互补关系是由两者之间的相互

联系所决定的。首先要明确的是，心理素质构成了思想政治素质的根基。心理素质的形成是基于先天的生理条件，它是先天和后天因素的结合，相对更为稳定。而思想政治素质则是后天培育出来的，为了确保思想政治素质的稳定性，我们应该以心理素质作为基石。再者，心理素质与思想政治素质是相辅相成的，也就是说，心理素质是思想政治素质的一部分，而思想政治素质又包含了心理素质。在接受思想政治教育的过程中，学生的知识、情感和意愿是不可或缺的，同时，思想政治教育也有助于他们在这些方面的全面发展。

由于心理素质与思想政治素质之间存在紧密的联系，这使得两者在教育内容上形成了相互补充和相互影响的关系。在高等教育机构对学生进行思想政治教育的过程中，有必要深入了解学生的心理成长特性和内在规律，以激发他们的情感反应。这一过程应从情感体验逐渐转化为认知内化，再进一步转化为积极的行为表现，从而培养他们具备正确的理想信念和思想认识。在心理素质的教育过程中，理想、信仰和价值观的指导是不可或缺的，因为每个人的内心深处都在寻找“我的身份”“我存在的意义是什么”以及“我是否具有价值”。这群人所持有的信仰和价值观与思想政治教育的核心理念是相符的，只是在教育手段和策略上存在差异。从实际情况出发，学生在实践活动中所展现的思维和认知问题，大多数时候是由他们内心的心理因素引起的，从根本上讲，这是一个心理层面的问题；某些表面上看似是心理层面的问题，但实质上是关于思想和认知的问题；还存在一些问题，这些问题常常是由内部心理因素和思维因素共同导致的。因此，心理素质教育和思想政治教育是密切相关的。在解决实际问题的过程中，两者需要紧密结合，从多个角度进行问题分析和解决，以提高问题解决的针对性和有效性。心理素质教育与思想政治教育在问题解决方面的相互影响揭示了它们在效果和作用上的相互推动。提升学生的心理健康状况不仅有助于思想政治教育的有效实施，而且学生正确的世界观和人生观的建立也能进一步推动心理素质教育的全面展开。

在教育路径上，心理素质教育与思想政治教育是相互关联的。这两者的实施都需要依赖于课程设计、团体活动、课外实践以及家长的积极配合。仅仅依赖心理素质教育是无法完全解决学生的某些心理问题的，还需要依赖思想政治教育。仅仅依赖思想政治教育是无法完全解决学生的某些思维问题的，我们还需要心理素质教育来辅助解决这些问题。心理素质教育和思想政治教育之间存在着相互制衡和相互推动的关系，因此，这两者是不可能完全独立存在的。在具体执行策略上，我们可以相互学习和借鉴，发挥各自的优势，紧密合作，共同致力于培养学生成为拥有高尚思想道德和完整人格的个体。我们必须清楚地认识到，思想政治教育和心理素质教育在许多方面都有其相似性和相互联系，它们在实际的教育实践中经常会相互影响和融合。在教育路径上，心理素质教育与思想政治教育是相互关联的。这两者的实施都需要依赖于课程设计、团体活动、课外实践以及家长的积极配合。仅仅依赖心理素质教育是无法完全解决学生的某些心理问题的，还需要依赖思想政治教育。仅仅依赖思想政治教育是无法完全解决学生的某些思维问题的，我们还需要心理素质教育来辅助解决这些问题。心理素质教育和思想政治教育之间存在着相互制衡和相互推动的关系，因此，这两者是不可能完全独立存在的。在具体执行策略上，我们可以相互学习和借鉴，发挥各自的优势，紧密合作，共同致力于培养学生成为拥有高尚思想道德和完整人格的个体。我们必须清楚地认识到，思想政治教育和心理素质教育在许多方面都有其相似性和相互联系，它们在实际的教育实践中经常会相互影响和融合。例如，部分学生往往过于以自我为核心，这对于建立健康的人际关系并不有利，同时，也有一些大学生对于自己的人生目标缺乏明确的规划或没有明确的目标，这可能导致他们感到沮丧。因此，只有将思想政治教育与心理素质教育紧密结合，我们才能真正有效地应对各种问题。

三、相互结合

鉴于我国高等教育机构在思想政治教育方面所投入的时间超过了心理素质教育，因此积累了大量的实践知识，同时，心理素质教育与思想政治教育之间存在着紧密的联系。因此，我国的高等教育机构在进行心理素质教育时，可以借鉴思想政治教育的成功经验，将心理素质教育与思想政治教育有机地结合起来，共同推动大学生的健康成长。

第一，科学地理解心理素质教育的关键性和必需性是成功进行心理素质教育的基础条件。如果在这方面存在误解，那么心理素质教育在我国高等教育机构中的推广和实施将受到严重阻碍。高等教育机构应当将大学生的心理品质教育纳入其全面素质教育体系中，强化对学生的人文关心和心理辅导，引导他们以正确的态度面对自己、他人、社会以及各种困境、挫败和荣誉。

第二，加强目标的相互渗透。尽管高等教育机构的心理素质教育和思想政治教育都有共同的基本目标，但在具体的实施目标上，两者都有各自的重点和侧重点。目标定位于行为导向，为了将高等教育中的心理素质教育与思想政治教育融为一体，首要任务是确保两者在目标上的深度融合。学生的思维方式对他们的行为起到了引导作用，而科学的世界观、人生观和价值观对于大学生心理健康的塑造和成长具有至关重要的影响。科学的世界观、人生观和价值观构成了大学生心理健康成长的关键因素，这些价值观和世界观会对个体行为产生指导作用。因此，在进行心理素质的教育时，我们应该重视培养学生的正确世界观、人生观和价值观，同时在思想政治教育中也要注重培养学生的良好个性和坚定的意志。

第三，整合有效的教育形式。从教育手段的角度来看，心理素质教育和思想政治教育在实施手段上存在共同之处，因此应当在这两种教育方式的基础上，最大限度地发挥它们各自的优点。在执行过程中，我们强调各种方法之间的相互融合和有机融合。在强调个体教育的基础上，心理素质教育也应在适当的时机普及心理健康的相关知识。在进行心理素质的教育时，我们可以借鉴思想政治教育中的某些策略，以增强心理素质教育的实际效果。

在大学生的思想政治教育中，我们可以采用如课堂教学和宣传教育这样的方法，而在心理素质教育中，课堂教育和一对一的咨询是两种主要

方式,两者之间的融合是至关重要的。除了在课堂教学过程中相互渗透外,也可以将以下三个方面相互整合:

(一)在素质教育过程中用思想政治教育的宣传方式,加强心理素质

在思想政治教育中,教育的宣传和宣传是一种常见的方式。通过在心理素质教育中融入这种宣传方式,可以有效地加强学生的心理健康意识,提升他们的自我认知,补充心理素质教育的不足,并进一步拓宽心理素质教育的覆盖面。例如,可以通过举办专题讲座、展示宣传窗口、出版报纸、广播节目和互联网等手段,对特定时间段内大学生的心理状况和问题进行深入分析,并给出相应的解决建议。此外,我们还可以利用学校的报纸和网络等多种方式来加强对学生的宣传教育,从而增强他们的心理健康和保健意识。

(二)通过校园文化建设加强心理素质教育和思想政治教育的整合

一个积极而健康的校园文化对于推动大学生的心理健康成长、情感陶冶以及形成良好的思想品质具有至关重要的影响。在构建校园文化的过程中,高度重视心理素质教育和思想政治教育的综合影响,将有助于塑造一个更为积极和健康的校园文化氛围;与此同时,一个积极而健康的校园文化的塑造将有助于心理素质教育与思想政治教育之间的高效融合。

(三)通过网络教育形式促进心理素质教育与思想政治教育的整合

网络的诞生和壮大为社会进步提供了推动力,但与此同时,它也可能给学生带来某些不良后果,导致他们在心理和思维上出现问题。利用网络教育手段进行心理素质和思想政治教育的重要性日益凸显。为了更好地理解学生的思维和心理状态,教师应当充分运用网络资源与学生进行深入地交流,并采取积极的引导措施,以实现思想政治教育与心理素质教育的密切融合,从而有助于大学生的健康发展。

第五节　构建大学生心理素质教育模式的策略

一、领导重视

培育学生健全的心理状态不仅是学校为实现现代化人才培养目标所必需的，也是学生全面发展和成才的必要条件。因此，高等教育机构的领导需要进一步加强对大学生心理健康教育的重视，注重心理素质的培养，优化工作流程，并在各个部门之间形成协同效应，以确保提升大学生心理素质的任务能够真正得以实施。

（一）完善心理素质教育工作领导机构

学校的领导层必须给予大学生心理素质教育足够的重视，因此成立了一个由校党委书记担任组长，相关职能部门负责人、院系党政领导以及相关专家组成的心理健康教育工作领导小组，以加强该小组在心理素质教育方面的领导作用。

对院系心理素质教育的领导结构进行完善，并成立了专门负责院系心理素质教育的领导小组。院系的党政领导需要高度重视心理素质的教育，应定期对学生的心理健康状况进行深入研究，并持续并有效地进行心理健康教育活动，以确保院系心理健康教育得到充分的支持和保障。

（二）重视制度建设

制度的构建为心理素质教育的执行提供了必要的制度支撑。学校的领导层需要构建和优化一系列相关制度，包括心理素质教育的规章制度、教师队伍的建设制度以及危机预防和干预机制等，以便将心理健康教育整合到学校的日常运营中，从而使心理素质教育更加规范和制度化。通过有效地执行相关制度，强化心理健康课程的建设，并为负责心理健康课程的全职和兼职教师提供强有力的政策支持；我们需要加大对心理危机的筛查力度，加强危机的预防和干预措施，特别是对院系教师进行心理危机的培训，并确保所有教师在心理危机的干预和预防中都能发挥其应有的作用。为了确保心理健康教育工作的顺利进行，我们需要建立和完善相关制度，以便及时掌握学生的心理健康状态，并了解各个院系在心理健康教育方面的实际效果，从而为心理健康教育工作提供强有力的制度支持。

(三)加强对心理素质教育的督导评估

为了更有效地执行心理素质教育的各项任务，学校心理素质教育工作领导小组需要加强对学校各个部门在心理素质教育方面的监督和评价，以便及时识别并解决在实施心理素质教育过程中可能出现的问题。

二、队伍建设

为确保高等教育机构在心理素质教育方面能够持续发展，有必要组建一支具有高素质和能力的心理素质教育团队，并持续强化高校心理健康教育方面的教师队伍建设。

(一)设置配备专职教师

进行心理健康教育是一项既科学又具有高度专业性的任务，这需要由拥有出色专业技能的全职教师来完成。学校需要设立专门负责心理素质教育的教师岗位，并解决心理素质教育教师的编制问题，同时按照学校师生比例不低于1∶3000的标准，配备专职的心理素质教育教师。

(二)保障教师的专业化发展

鉴于学校的心理咨询中心主要归属于学生部门，这导致某些学校的心理素质教育教师被归类为行政人员，他们在评定职称时只能遵循行政程序，这对心理素质教育教师的职业成长和他们的职业归属感产生了不利影响。因此，将全职教师纳入思想政治教育的专业技术职务体系是非常必要的，我们需要根据他们的工作特性来制定合适的评聘标准，并科学地确定专业技术职务的结构比例，从而为教师队伍的持续发展创造有利条件。

(三)加强专业培训

为了增强心理健康教育的成效，有必要组建一个由全职教师、与心理学有关的专业教师、校外专家以及负责学生心理健康工作的各个院系辅导员组成的全职和兼职教师团队。学校应当为这些教师创造条件，让他们有机会参与各种专业培训或研讨会。这样，无论是全职还是兼职的教师，都可以根据自己的心理健康教育需求和实际情况，接受各种类型的培训。这不仅为他们提供了不断提升和学习的机会，还有助于培养一支既具备扎实的心理健康教育专业知识，又有强大科研能力的全职和兼职教师团队。

学校有责任定期组织专职和兼职教师的心理素质教育交流会，以便及时总结和推广各个院系的优秀经验和做法，或者围绕教师在实际工作中遇到的问题进行讨论和分享，从而不断提高心理健康教育的质量，进一步提高广大学生的心理健康水平。

三、整体协调

学校需要强化工作的整体规划，将心理素质教育整合到高等教育的人才培养体系中，与大学生的思想政治教育和文化素质教育相结合，努力深化、细化和实质化工作，以提高心理健康教育的效果。

(一)开展深度辅导

充分利用院系辅导员和班主任的专业能力，对学生进行深度和细致的访谈，构建一个全面覆盖学生、重点细致处理的工作网络，确保每名学生每年至少获得一次有针对性的深度辅导，从而为学生的健康成长和成才提供优质的服务。当教师开展访谈活动时，他们需要深入了解学生的学习进展、思维模式和心理健康状态，精心策划访谈的主题和目的，并根据学生的个性特征，选择最适合的方式与他们进行深入的交谈。我们通过深度的访谈来帮助学生解决他们的心理问题，协助他们应对学习和生活中的挑战，并及时识别他们所面临的问题。

(二)心理疏导与思想政治教育相结合

人们的心态反映了客观的现实情况。当大学生在学业和日常生活中遇到难以适应的挑战，如学业上的巨大压力、家庭经济困境或找工作的难题，而自己又缺乏解决这些问题的能力时，他们可能会经历心理上的起伏和情感上的困惑。当大学生面临人生目标的缺乏和缺乏上进心等挑战时，他们可能会遭遇学业上的阻碍、求职和就业的难题，以及人际关系的问题，这些都可能导致心理上的困扰。显然，日常生活中遇到的实际挑战、思维上的困惑以及心理上的挑战都与大学生的心理健康紧密相连。

因此，教育工作者应当致力于协助学生克服现实中的难题，例如深入地进行深度指导和学术辅导，以增强学生的学习实力；确保学生得到适当的资助，从而有效地减轻大学生的经济负担；实施就业指导服务，为大学生提供更多的就业机会和就业信息等，以解决学生面临的实际困难和问题。实施学校领导的接待日制度，定期组织各类学生代表进行座谈，以便及时识别并解决学生所面临的各种问题；为了解决学生的思维难题，我们应该充分利用大学生参与党课和班级主题活动的机会，发挥党员学生和班干部的领导作用，利用班级心理委员的辅导功能，并借助学生的积极参与来协助他们，从而促进他们的共同进步。

(三)整合教育资源

我们需要完善一个全员参与的工作机制，强化整体规划，最大限度地利用学校的各种资源，以实现心理素质教育的协同效应。第一，辅导员和班主任构成了心理素质教育的核心团队，他们需要积极地开展各种活动，为那些面临心理问题的学生提供心理辅导，或者建议他们前往心理咨询中心寻求专业建议，以便及时识别潜在的心理风险。第二，要充分利用任课教师在教育过程中的作用，关心学生的心理健康，并重视学生心灵的成长。第三，要充分利用心理骨干的能力，在院系、班级和宿舍中进行心理知识的普及和心理危机的排查，从而构建一个心理危机预防和干预的工作网络。第四点，我们需要完善专职教师、管理层和后勤人员参与心理素质教育的机制，以形成一个每个人都关心学生心理健康的生态环境。

四、物质条件保障

心理健康教育的成功实施需要物质条件的全面支持，这包括心理咨询室的硬件和软件设施，以及心理健康教育活动所需的经费保障等。

（一）硬件保障

心理咨询中心的硬件设施涵盖了场地的搭建、环境标准以及其他基本设备。现阶段，各个高等教育机构还没有一个统一的国家标准来根据其实际工作需求来配备基础设施和仪器。因此，对于高等教育机构中的心理咨询中心，建立国家标准并对其建设进行规范化是非常必要的。一方面，心理咨询中心应配备专门的场所，并确保选址恰当。心理咨询室的面积应与在校学生的数量相匹配，并根据各学校的实际需求，设立个体或团体的心理咨询区域。此外，心理咨询室应确保其周边环境干净、宁静，并确保内部氛围温暖、宜人，为访客提供充分的安全保障。另一方面，心理咨询室需要配备电脑、录音笔、电话机、摄像设备、隔音设备等基本设备，以及根据需要配备音乐治疗椅等心理学硬件设备。

（二）软件保障

心理咨询中心所提供的软件涵盖了心理评估、档案管理软件以及心理咨询教师的资格要求等内容。

第一，心理咨询室必须装备有科学的心理评估系统和档案管理软件，建立学生心理健康信息库和心理危机信息库，实时监测学生心理健康状况的变化，以便能够及时帮助那些有心理困扰或面临心理危机的学生。心理咨询中心必须拥有一套标准化的档案管理体系和相应的软件支持，以便能够对心理咨询的面谈记录、热线咨询记录、心理危机信息库以及危机干预记录和心理咨询效果反馈等各类档案资料进行即时的整理和归档。

第二，教育行政部门应明确规定心理咨询教师的任职资格。为了推动高校专职心理素质教育教师队伍向科学化和专业化的方向发展，教育行政部门需要为心理素质教育教师制定明确的从业标准和资格认定标准。这包括从基本资质、人格特质、专业基础和基本技能等多个方面对从业人员进行全面评估，并对已有资格的心理素质教育教师进行初级、中级和高级的资格认定。只有这样，我们才能构建一支高素质的高校专职心理素质教育教师队伍，确保高校心理素质教育工作能够顺利进行。

(三)经费保障

按照教育部与北京市心理素质教育的建设准则，每年应为每位学生设定不低于 20 元的专项资金，并将其纳入预算中，确保资金的专项使用。学校需确保各项任务得到执行，每年都要增加心理健康教育的专项资金，统一管理继续教育的经费，并支持教师的心理健康教育培训以及学校心理辅导师的认证培训等活动。另外，教育管理部门有责任定期对各个高等教育机构的心理素质教育资金进行详细的审核和评估，以确保这些资金被专门用于教育目的。

第五章　提升大学生心理素质的教育活动研究

第一节　心理素质教育活动与大学生心理素质培养

心理素质教育活动具体指的是什么？对于大学生的心理素质培养，心理素质教育活动起到了怎样的影响？对这些问题的深入研究，对于我们在科学地应用心理素质教育活动以及进行大学生心理素质教育方面，具有不可忽视的重要性。

一、心理素质教育活动的内涵和特点

深入理解高等教育机构中心理素质教育活动的深层含义和其独特性，构成了实施心理素质教育的基础条件。

（一）心理素质教育活动的内涵

心理素质教育活动是学校心理健康教育的一个重要环节和常见的组织形式，其目的是增进学生的心理健康和提高大学生的心理素质，通过校园文化活动作为形式，根据不同群体大学生的心理发展需求，进行不同主题的活动。心理素质教育活动与心理健康课程、心理咨询服务、心理危机的预防和干预，以及学生心理骨干队伍的建设等多个方面相互融合、相互影响和相互推动，共同构建了一个有助于大学生心理健康成长的校园心理生态环境。

（二）心理素质教育活动的特点

心理素质的教育活动以其与学生的紧密联系、重视实际体验、关心学

生的成长、广大的参与度和持续的创新能力为特点，已经成为心理健康领域中不可缺少的组成部分。

1. 贴近学生

心理素质教育活动是以学生为中心设计和实施的，其内容、形式和实施都是以学生的需求为出发点，使学生愿意参与。

从内容角度看，心理素质的教育活动是从能够吸引学生注意和兴趣的主题开始的。学生通常对自己和周围生活中发生的事情非常关心。因此，在进行心理素质教育活动时，应以大学生普遍关心的、在自己的发展过程中遇到或可能遇到的问题为基础，例如新生适应、人际交往、情绪管理、恋爱与性、专业定向、求职就业等主题，将与学生学习、生活实际相关的典型案例作为心理素质教育的内容，极大地激发学生的兴奋点，从而引发他们深刻的心理体验。

从形式角度看，心理素质教育活动与传统的课程教育有所不同，它不仅具有专业性，还融合了休闲和娱乐元素。这种教育形式多样，既有单向的宣传方式，也有双向的互动方式，既有纯粹的知识传播，也有参与性的体验活动，既有多姿多彩的大型活动，也有日常生活中的隐性渗透。目前，高等教育机构普遍实施的心理素质教育活动包括橱窗、板报、报纸、手册、电台和广播的宣传，还有讲座、座谈、影评等主题对话，以及利用多媒体进行的在线对话、心理情景剧、心理游戏和心理素质拓展训练等。

在执行过程中，绝大多数的心理素质教育活动都是在教师的引导下，由心理委员、班级领导、心理团体等人员独立完成的。从确定活动的主题、设计方案到实际操作，整个过程都是以学生为中心的。学生不仅是活动的主要策划者和组织者，还是主要的参与方，他们在实际操作中不断体验和提高自己的认知，进而增强自己的心理素质。大学生的自我教育过程在这个过程中得到了充分地展现。在此过程中，教师的核心职责包括提供专业的指导、进行行政审查以及协调和支持工作。当然，在与学生互动的过程中，教师也有机会接受心理教育或者进行反哺教育。

2. 注重体验

在心理学领域，体验被定义为一种涉及多种心理元素共同作用的心理过程。体验这类心理过程是与个体的情感、态度、想象力、直觉、理解能力和感悟等多种心理功能紧密相连的。在体验的过程中，个体不仅去理解和认识事物，还会因为发现事物与自身的联系而产生情感反应，进而产生丰富的联想和深刻的领悟。

在心理健康教育中，体验是一种在真实或模拟的环境中进行的实际活动，它可以帮助学生获得真实的体验和感受。通过与团队成员的分享和交流，学生可以达成共识，然后进行反思和总结，最终将这些反思积累为自己的认知理念，并将其应用到学习和生活中。它是由五个紧密相连的部分构成的，分别是体验、分享、交流、整合和应用。在进行心理素质教育活动时，通常会采用这五个关键环节。首先，通过设计特定的情境让学生对特定的心理主题有深入地体验，接着，这些环节会促进学生间的相互交流、分享和互动，从而更好地整合和应用所学知识。例如，心理剧的演出是一种让学生在观看和表演的过程中重新体验现实生活中的问题情境，然后通过交流和互动，学习新的有效应对策略。

3. 关注发展

心理成长不仅是心理健康教育的核心目标，同时也是实施全面素质教育的关键目标。在大学生活中，每一个学生都会面临各种发展性问题的挑战，包括适应性问题、情感问题、人际交往问题、恋爱难题以及各种应激反应等。这些发展性问题不仅是一种考验，同时也是一个机会。如果这些问题能够得到妥善解决，将有助于大学生心理健康的成长和心理素质的提升。然而，如果未能妥善处理，可能会引发严重的心理健康问题。

实施心理素质教育活动的目的是通过多种多样的方式，帮助学生建立正确的自我认知，增强自信，使他们能够积极适应学习、人际交往和社会环境，用一个积极和健康的心态面对学习和生活的挑战，当遇到困难时，能够将其转化为机会，从而实现更好的个人成长。

4. 广泛参与

心理健康的课程通常要求学生选修,而心理咨询则通常需要提前预约。但心理健康教育活动几乎不需要学生的选修或预约,几乎没有任何限制条件。只要学生有意愿,他们都有机会参与,这确保了心理健康教育活动得到了广大的参与机会。参与各种活动的人数可以少到几十人,例如心理专题讲座、心理情景剧表演、心理团体辅导等;在某些情况下,人数可能高达数百或数千,例如学校举办的心理知识比赛和心理班会的评选活动等。通过广泛地参与,学生们在各种活动中能够相互激发、相互推动,并在规定的时间内接受高质量的心理健康教育。

5. 不断创新

大学生这一群体充满了好奇心和对创新的不懈追求,因此,以他们为中心的心理健康教育活动也在不断地更新和创新。例如,随着智能手机变得越来越普及,人们也开始采用手机 App 这一工具来推广心理健康的相关知识;诸如心理微电影和心理微博短故事评选等活动也被视为新兴的心理健康教育方式。

二、心理素质教育活动对大学生心理素质培养的作用

关于心理素质教育活动如何影响大学生心理素质的培养,高等教育机构的心理素质教育专家已经进行了大量的研究工作。主要有以下四点:

(一)让全体学生受到教育

琴冉和他的团队建议,为了增强学生对心理健康的了解,我们应该通过多种途径来推广心理知识,并利用学生喜爱的媒体工具,如学校报纸、学生心理杂志、学校的心理相关网站、学校的人人网、微博和微信等;邀请著名的心理学权威和精神科医生到学校进行主题性的讲座,这些活动都是对大学生进行心理素质培养的关键途径。

在参与的心理健康相关活动中,有 70.09% 的大学生参与了心理健康知识的讲座,31.05% 的大学生进行了拓展训练,而 22.51% 的大学生

参与了团体心理辅导活动。这些数据充分展示了高等教育机构对心理健康教育的高度重视。

为了更好地满足大学生的心理素质教育需求，高等教育机构组织了各种形式和内容丰富的心理素质教育活动。这些活动不仅大大扩展了心理素质教育的时间和空间，还解决了教学时间不足的问题。这些活动不仅丰富和拓展了学生在心理素质教育课堂上所学的知识，还在课外活动中得到了实践和应用，实现了课程与课外活动的有效结合和补充。心理素质教育活动致力于向广泛的学生群体推广和普及心理健康的相关知识，确保心理素质教育能够覆盖所有学生群体。

（二）提升心理健康意识

多年来，因为学校、家庭和社会对学生的学业成绩和知识学习的过分重视，而忽略了心理素质的培养，这导致学生在成长过程中缺乏心理健康意识，忽视了自身的心理发展，当出现心理冲突时，往往没有意识到；即便在心理状态出现不正常的情况下，也没有寻求帮助。随着心理健康活动的普及，学生们不仅掌握了心理健康的相关知识，还培养了心理健康的意识，学会了如何主动关心自己的心理状况，并主动地保护自己的心理健康。

（三）培养能力

心理素质的教育活动为学生创造了一个培养多种技能的平台。他们通过参与各式各样的活动，不仅展示了自己的个性，还增强了自信心；他们在策划各种活动的过程中，与同学们进行了深入的合作和交流，从而增强了与他人合作的技巧；他们在筹备和参与各种活动的过程中，成功地战胜了各种难题，勇敢地面对挑战，并在比赛中遭遇失败，这也培育了他们面对失败的坚韧意志；在参与各种活动的设计过程中，他们不仅挖掘了自己的智慧和潜力，还成功地培育了创新才能；他们参与了多种社会志愿服务活动，例如前往打工子弟学校提供服务，关心和慰问孤寡老人，为即将去世的老人提供服务，并参与了多种社会公益活动，从而培养了他们关心他人的能力，并实现了个人价值。在高等教育机构中，心理素质的教育活动被视为培养学生多种技能的关键路径。

(四)预防心理危机

北京高校心理危机干预专家组对自杀学生进行的追踪调查显示,大学生的自杀行为与他们不常参与团体活动有着紧密的联系。通过开展高校的心理素质教育活动,学生不仅获得了心理健康的相关知识,还培养了心理健康的意识,并学会了如何主动地调整自己的情感状态;在进行心理素质教育的过程中,学生们成功地锻炼并增强了他们适应外部环境的技能;当你意识到自己存在心理健康问题时,积极地寻求心理咨询的支持和帮助,有助于从根本上避免心理危机的出现。

三、澄清认识,高度重视

关于在高等教育机构中实施心理素质教育活动,不同的高校心理素质教育专业人士对此有着各自不同的观点和理解。大部分人都持有这样的观点:开展心理素质教育活动是一种向大学生普及心理健康知识的方式,它可以帮助学生增强心理健康意识,学习心理调节技巧,提高自我认知水平,培养良好的人际交往和合作能力,以及学会情绪管理的重要手段。这种观点是高等教育机构中心理素质教育专业人士普遍接受的,它代表了一种正面的心理素质教育哲学。持有这样的观点是基于以学生为核心,旨在推动所有学生的心理健康成长。他们坚信,为了预防心理障碍和疾病,以及避免心理危机,必须通过多种形式的心理素质教育活动来广泛而深入地推广心理健康知识。因此,高等教育机构开展心理素质教育活动是至关重要的,也是高校心理素质教育工作中不可或缺的一部分。然而,也存在一小部分人觉得高等教育机构进行心理素质教育并不是绝对必要的。他们觉得这些教育活动的专业技术水平相对较低,因此更倾向于将精力集中在心理咨询方面,认为这是一项更为专业的任务。尽管心理咨询的重要性不言而喻,并且专业技能的要求也相当高,但值得注意的是,在高等教育机构中寻找心理咨询服务的学生数量相对于大多数大学生来说是较少的,因此很多大学生并不愿意主动去寻找心理咨询服务。

在高等教育机构中,尽管心理素质教育的重要性不高,但背后仍然存在一种传统的"问题解决为核心"的教育观念。这种观念受到传统医学模式的影响,是一种消极的教育方式,与以学生为中心,旨在促进所有学生心理健康成长的教育目标不符。从心理角度看,可能存在一种观点,即咨询师更多地关注自己的专业技能提升,而不是大部分学生的成长价值。因此,明确高等教育机构在进行心理素质教育活动时的目标和指导方针变得尤为关键。

第二节　大学生心理素质教育活动设计原则

为了让高等教育机构中的心理素质教育活动更为高效,确保这些活动更符合大学生的心理需求,满足他们的心理发展需求,并充分发挥心理素质教育的作用,在设计及实施心理健康教育活动时应注意五个原则。

一、尊重主体需要

心理健康教育的核心目标是增强学生的心理韧性,它以学生为中心,因此在策划和执行心理健康教育活动时,必须充分尊重学生的主观需求。

(一)活动设计贴近学生需求

活动的设计贴近学生的需求,主要体现在以下三个方面:

一是活动内容应符合学生心理发展水平和特征。学生的心理素质发展必须依赖于他们现有的身心发展水平;此外,每位学生对于主观和客观世界的理解和应用方式,都会受到他们固有的思考方式和行为模式的塑造,从而展现出其独特的个性。因此,在进行心理健康的教育活动时,我们必须确保活动的内容与各个年龄段学生的心理成长阶段相匹配。只有采取这种方式,我们才能激发他们的积极性和参与度。

二是活动设计必须适合主体的需要。只有当心理健康教育活动真正满足学生的需求时,它才能真正地唤起学生的内在驱动力,并鼓励他们积极地融入这些活动之中。为了让心理健康教育活动更符合学生的实际需求，我们必须确保所设计的活动内容与学生的日常生活和学业紧密相连。为了确保心理健康教育活动能够达到预期效果，活动的内容必须与时代同步，涉及学生熟悉和关心的领域，并且必须与学生的兴趣相结合。

三是活动难度适合。无论是难度太高还是太低的活动，都无法真正激发学生的参与热情。仅当活动的发展水平超过个体现有的水平，并且他们具备进行这些活动的能力时，才有可能有效地激发他们的参与意愿。因此，活动策划者应当深入探讨学生的成长情况和近期的发展趋势，并有条不紊地规划心理健康教育的课程内容。

(二)让每个学生都成为积极参与者

教师应当最大限度地激发学生在活动中的自主性、主动性和创新性，确保每位学生都能积极地参与其中。在教学活动中，教师的角色仅限于提供指导，而不能承担全部责任，要注意防止以下两种倾向：

一是过度干预活动导致学生失去了独立思考的能力，他们只能根据教师的指示来行动，最后对活动失去了热情。

二是把活动视为学生个人的责任而不采取行动，这在本质上是一种不负责任的行为。作为教师，不仅需要确保学生在教学活动中占据核心地位，同时也不能忽视自己在这一过程中的主导角色。

(三)充分体现学生的自主性

学生在心理健康教育活动中的自主性主要表现在以下两个方面：

一是活动方式选择的自主性。教师应该鼓励学生根据他们的个人经验和兴趣来选择他们认为最合适的活动模式；或者是在积极地参与过程中实现成功，进而积累宝贵的经验；或者是在共同参与的过程中激发了兴趣，进而认识到了探索的重要性；或者是在被动的参与过程中获得灵感，进而体验到某种情感。教师的核心职责是确保每位学生都能独立地参与到各种活动中。

二是活动过程中主体的自主性。心理健康教育是一种自下而上的过程，因此，教师应该更多地将自上而下的指示转化为与学生平等参与的方式。只有当学生感受到教师也在与他们平等地参与，没有任何压力时，他们才能在活动中获得最丰富的情感体验,并最大程度地发挥自己的潜力。

二、坚持开放性

心理健康教育活动的开放性表现在形式和内容两个方面。

(一)形式上的开放

从形式角度看,我们可以向各种不同的目标群体开放,并努力整合那些有助于提高大学生心理品质的资源。

一是向校内开放。以班级的集体活动为例,它既对同年级的学生开放,也对其他年级开放,这不仅可以加强班级之间的联系,还可以提高集体活动的质量。

二是向家庭开放。这个活动不仅限于家庭,家长们也应该参与其中。当家长因为忙碌而不能参与活动时,他们可以邀请家长提供建议和方案,帮助学生更好地组织活动。这种做法不仅得到了家长的支持和指导,还增强了家长对心理健康教育的了解。

三是向社会开放、走向社会,这不仅能激发学生对活动的热情,还能帮助他们正确地理解社会。因此,在策划与社会各方合作的活动时,我们可以考虑“邀请进来”或“邀请出去”的策略;或者可以邀请一些杰出的人士到学校进行座谈交流;也可以选择外出进行调研、游览、拜访或提供各种社会服务。

(二)内容上的开放

在设计活动的过程中,内容的开放性意味着我们需要从学生的学习和生活经验中筛选合适的材料。

一是从平凡的生活中挖掘活动素材。尽管生活看似普通,但它并不是单调乏味的,因为我们所处的这个世界在不断地、不停地变化。身为活动的策划者,我们应当拥有敏锐的洞察力,对日常生活中的细微之处进行深入挖掘,巧妙地设计,从而构思出合适的活动方案。例如,“寻找最美的笑容”这一摄影活动,其目的是收集笑容的图片,帮助学生探索生活中的美好之处。

二是从周围的环境中寻找活动素材。学生们总是处于特定的社交环境中生活。每个社区都拥有其独特的自然景观、人文风情和丰富的历史背景，这些都包含了宝贵的教育资源。只要我们能够根据实际情况和目标来选择，就能确定最适合的活动内容。例如，“寻找 Corner”这一活动的核心思想是将学校的各个隐秘之处拍摄成照片，鼓励学生们组成小团队去探索这些隐秘之处，这样的活动不仅加强了他们之间的沟通，还加深了他们对学校的归属感和认同感。

三是从重大节日中选择活动素材，在一年的 365 天里，存在众多的节日、纪念日和节气，将这些独特的日子与心理健康的教育活动相结合，可以获得独特的益处。

三、倡导多样性

多样性意味着在设计活动的过程中，我们应该采用多样、生动和有趣的方式来吸引学生，激发他们参与活动的热情，并努力让他们在欢乐的氛围中培养情感和接受教育。

在设计过程中，多样性的体现是关键，这意味着设计师需要持续地进行创新，利用“加”“变”“改”和“移”等多种策略来改变设计形态。例如，在传统的班级会议中融入心理相关的小活动，这种方式使得活动呈现出新的面貌，为学生带来了新奇和有趣的体验，从而提高了活动的吸引力。

四、保证有效性

为了确保活动的有效性，在策划心理健康教育活动的过程中，一方面需要根据学生的具体情况来设计相应的活动。例如，为了帮助新入学的大学生更快地适应大学生活，我们组织了新生班级的辅导活动。从另一个角度来看，设计过程中需要充分考虑到所规划活动的实际操作性。因此，我们需要确保活动的规模不会过大，同时活动的节奏也要恰到好处。例如，对于失恋者的团体辅导，建议以 8～10 人组成的小团队进行连续的多次活动；新生班级的辅导活动可以在一个由几十名学生组成的班级中进行，并且每次为期 2 小时的辅导活动效果通常更为显著。

五、注重系统性

提高学生的心理素质并不是短时间内可以达成的目标，它是一个综合性的项目。在策划心理健康教育活动的过程中，我们需要确保内容的连贯性，将单一的活动整合为一系列的活动，这些活动应具有明确的方向、明确的主题和丰富的内容，这样可以确保每位学生都能接受深入的心理健康教育，并在知识、情感、意志和行为等多个方面得到全方位的培养。比如说，新生入学时，我们会组织班级辅导活动；在大二和大三的时候，进行自我探索和确定职业方向的各种活动；在大四时，我们进行了求职指导，以更好地适应社会需求。

第三节　大学生心理素质教育活动的类型

高校心理素质教育活动的类型很多，为了方便使用，我们可以从四个不同维度进行划分。

一、从活动的组织时间划分

从活动组织的时间角度来看，高等教育机构的心理素质教育活动可以分为日常活动和集中活动两大类，具体如下：

(一)日常性的心理素质教育活动

日常性的心理素质教育活动是指不受时间约束的心理素质教育和宣传活动。该平台主要提供心理相关的报纸和杂志、心理展示窗、心理信息网站的推广、心理健康讲座、集体心理辅导活动，以及各类志愿者活动的组织和实施。这些活动不受时间束缚，可以根据学生的需求随时进行。通过日常的心理素质教育活动，学生可以随时掌握心理健康的相关知识，这种教育方式可以持续地对学生的心理健康进行加强和重复。经过长时间的积累，这种教育方式悄无声息地对学生的心理健康产生积极的影响，使学生逐步加强对心理健康的认识，学习如何关心自己和他人的心理健康，并学会自我帮助和助人为乐。

（二）集中性的心理素质教育活动

所谓的集中性心理素质教育活动，是指高等教育机构在规定的时间范围内，进行的一系列集中的心理素质教育活动。5·25首都高校大学生心理健康节是最具代表性的活动。每年的4～5月都会举办，每年都会有一个主题，并设计超过10项的活动，主要目的是为大学生提供心理素质的教育。近几年，北京的高等教育机构已经成功举办了十几次首都大学生心理健康节活动。每个活动的主题都与当年的社会心理背景和大学生的心理特质紧密相连。

在这段时间里，各个高等教育机构也会组织自己学校的“5.25心理健康节”或者“心理健康月”相关活动。集中性的教育活动具有显著的优势，它可以产生强大的宣传和教育影响。在相同的时间范围内进行的各种心理教育活动可以吸引学生的更多注意，并激发他们的积极参与热情。

二、从活动的人群范围划分

从参与活动的人群分类来看，高等教育机构的心理素质教育活动可以被划分为在个人、宿舍、班级以及整个学校的各个层次上进行的心理健康教育活动。

（一）在个人层面开展的活动

在个体层面进行的心理健康教育活动主要是为个体设计的，强调个体在活动中的体验和参与，目的是加强个体的心理健康意识，加深个体对自我的理解，提高心理适应能力。例如，我们组织了各种活动，如心理主题讲座、实地心理咨询、心理评估、心理电影解读、心理读书会以及微博短故事征集比赛等。

（二）在宿舍层面开展的活动

宿舍是大学生学习、生活、休息、社交的重要场所。大学生宿舍具有以下两个特点：

1.宿舍是大学生社会生活的实验场

在社会生活中，人们既需要参与正规的集体活动，也需要参与非正规的集体生活。在大学生的宿舍中，存在着正式和非正式两种不同的群体结构。作为一个正式的集体，大学生宿舍在高等教育机构的组织管理体系中是最基础的单元，每位宿舍成员都有责任遵循组织的纪律和社会公认的标准；作为一个非正式的集体，大学生有权在宿舍里无特定目的地一起活动，他们可以自主决定时间和活动模式，而不会受到他人的打扰。在宿舍的日常生活中，大学生努力学习如何与他人和谐相处，处理各种人与人之间的矛盾，遵循各种生活规范，他们从最初的不适应逐渐适应，为将来更好地融入社会做好了准备。

2.宿舍是非正式的交际场合

宿舍为大学生提供了一个休憩和生活的空间。相较于其他场合常见的严肃和紧张氛围，大学生宿舍通常具有更为轻松和自由的氛围，这也是为什么宿舍成员的个性能在宿舍环境中得到充分展示。在这个空间里，个体的行为模式和人格特质得到了充分地展示，因此，在这些方面有显著差异的学生可能会出现冲突和矛盾。对于大学生来说，宿舍可能是他们相互了解最深入、冲突和矛盾最常见的地方。

正因为大学生宿舍所具有的独特性质，大学生宿舍中的人际关系与其他类型的人际关系存在四个显著的差异。具体如下：

(1)高度集中

宿舍为来自各地的大学生提供了一个相对狭窄的空间，使他们可以在此共同生活、学习和社交，而且他们之间的人际关系非常紧密。

(2)交错复杂性

在大学生与宿舍成员之间，存在着一种网状的互动关系。如果其中两名成员之间出现了人际矛盾或冲突，这极有可能对整个宿舍内的人际关系结构产生不良影响。

(3)易冲突性

大学生在诸如经济状况、文化背景、个性特质、个人兴趣和生活方式等多个方面都表现出不同程度的差异。当这些学生共同生活在一个房间里时，很容易出现各种矛盾，甚至可能触发宿舍成员之间的人际关系冲突。

(4)影响的深远性

相较于其他的人际交往，宿舍中的人际关系对大学生的身心健康产生了更为深远的影响。

从这一点可以看出，宿舍中的人际关系是大学生特有的一种社交模式，宿舍里的大多数成员都是来自同一个班级或年级的学生。从一方面看，地理距离的优越性为大学生间的互动提供了一个经常互动和互相熟识的场所；从另一个角度看，距离的接近程度也会对双方的利益产生影响。大学生的人生观、世界观和价值观在很大程度上受到宿舍成员共同创造的宿舍文化氛围的影响。根据数据显示，除了睡眠外，大学生在宿舍的日常生活时间大约为 5.72 小时。大学生的心理健康和个人成长受到大学宿舍间人际关系的直接影响。以学生宿舍为基础进行的心理健康教育活动，对于大学生的个性发展和心理健康状况有着长远和深刻的影响。该方法不仅有助于缓解宿舍内的矛盾和冲突，促进宿舍成员间的相互理解和接纳，还能营造一个温暖和谐的宿舍环境，增加归属感，从而有助于提升大学生在情绪管理和人际交往方面的能力。在学生宿舍中进行的心理健康教育活动主要包括：宿舍幸福评价、宿舍集体活动以及宿舍心理相关的微型电影等。

(三)在班级层面开展的活动

大学里的各个班级构成了大学生活的核心部分，它们是学校和学院工作的最终场所，也是大学生们共同学习和生活的根基。因此，在班级环境中实施心理健康的教育活动，有助于增强班级的凝聚力，并提高学生的归属感。在班级级别进行的心理素质教育活动主要包括心理班会、班级心理健康知识的竞赛以及优秀班级活动的评选等。以北京高教学会心理咨询研究会组织的“我的微成功”优秀班级活动评选活动为例，该活动旨在鼓励各个班级的学生通过多样的方式从细微之处展示自己的成就，从而增强自信，深化相互的理解，并提升人际交往的能力。“班级微电影大赛”是一个鼓励学生通过自己创作、创作和拍摄微电影的活动，来展现班级学生之间的相互关心和共同进步的日常生活。在这部电影里，每一个角色都是他们班级中的一名学生，而每个班级都隐藏着触动人心的故事。这部电影所展现的内容不仅对学生们具有深远的教育意义，同时在影片的拍摄和制作过程中，学生们的相互协作也是一个加强班级凝聚力的重要环节。

(四)在校园层面开展的活动

校园文化不仅是社会亚文化的一种表现形式，也是社会文化体系中不可或缺的一部分，具备着教育、指导、娱乐以及辐射等多重功能。在高等教育机构的校园文化中，心理素质的教育活动占据了关键的位置。在整个学校范围内进行心理健康的宣传和实践活动，对于塑造一个健康的心理生态环境具有至关重要的作用。一方面，学校充分运用了报纸、互联网、广播电台和电视等多种媒体渠道，以在全校范围内推广心理健康的相关知识，从而营造出一个积极和健康的文化环境；从另一个角度来看，学校在整个校园范围内举办了心理素质提升、心理情景剧演出和心理团体辅导等多种活动，以营造出一种特殊的校园心理环境和氛围。得益于其广泛的影响范围，这使得更多的学生能够深入了解和认识到心理健康的重要性，无论是有意还是无意地，都能对学生的积极心态、乐观的生活态度和和谐的人际关系产生积极的推动作用。在高等教育机构中，心理健康知识的普及和宣传教育，以及集中举办的“5.25心理健康节”活动，都有助于形成一个积极健康的校园心理文化环境，从而促进学生的全面健康发展。

三、从活动的形式划分

在实践中，高校教师和大学生创新了许多高校心理素质教育活动形式，以下仅是近年来各高校经常使用的五种。

(一)心理讲座

在高等教育机构中，心理讲座被视为最常见的心理健康活动。进行心理健康讲座时，教师通常会对大学生的需求进行调查，并根据这些需求，邀请学校内外的专家针对大学生最关心的议题，提供相关的心理健康知识，并为学生的心理成长提供指导。此外，还将探讨如何识别和预防心理危机等相关主题。众多的高等教育机构都组织了“心理大讲堂”这一活动，每个月都会组织一场由专家主讲的讲座，以此来推动大学生心理健康的全面发展。

（二）心理健康知识竞赛

心理健康知识竞赛是一种旨在普及心理健康知识的活动。这个活动主要关注的不是比赛的最终成果，而是学生在为比赛做准备时如何掌握心理健康的相关知识。在比赛开始之前，教师将大学生应该掌握的心理健康知识和常用的心理调节方法整理成小册子，分发给学生学习，例如心理健康的标准、认识自我的方法、情绪的种类和情绪调节的方法、人际交往的作用和人际交往的原则和方法等。基于这个前提，教师制定了竞赛的题目。竞赛中的题目通常被划分为基础知识的理解题与实际操作题。实际应用题的目的是引导学生运用心理学的各种理论和方法来解决他们经常遇到的心理难题。实际应用题不仅测试了大学生对心理调节方法的掌握程度，还教会了他们如何使用这些方法来帮助自己和他人保持心理健康。在竞赛的题目中，还包括了大学生经常遇到的心理问题、如何识别心理危机以及如何预防心理危机的干预措施，旨在普及心理危机的预防和干预知识。学校心理咨询中心的位置和电话等信息，经常会被用来进行一些宣传活动。通过这种教学方法，我们旨在让学生了解相关信息，并教会他们如何主动利用学校提供的心理咨询资源。在进行了充分的学习和准备之后，我们将进一步组织初赛、复赛和决赛的比赛。这场多层次的竞赛旨在进一步加强对心理健康知识的掌握。心理健康知识竞赛是一个融合了学习、竞赛和趣味性的活动，旨在普及心理健康知识。大学生的参与度非常高，这也成了各大学学生心理素质教育的传统方式。

（三）心理情景剧

心理情景剧作为一种新颖的心理素质教育方式，深受大学生们的喜爱。心理情景剧是在教师的引导下，由大学生运用心理剧的核心理念和技巧，将他们在学习和生活中所遭遇的心理矛盾及其应对策略，经过自己的创作、导演和表演，转化为情景剧，以再现他们在校园中的相似经历和场景。例如，在大学生活中，如何解决宿舍之间的人际矛盾，如何处理恋爱中的各种情感问题，以及如何解决大学新生的不适应问题等都是常见的问题。心理情景剧是由大学生自己编写和导演的，其内容取材于学校的日常生活，真实地展现了大学生的日常生活，因此更容易触动学生的情感，也更容易被他们所接受。

在编排心理情景剧的过程中，学生们持续地模拟各种情境并深入体验角色的情感，他们尝试采用各种不同的策略，并与同伴进行深入的交流和分享，以形成有效的解决方法。他们在舞台上的全身心投入，不仅展示了他们的个性和表演才华，还增强了他们的自信心。在排练过程当中，学生们持续地调整与他人之间的互动关系，通过相互协作和配合，成功地加深了相互之间的理解和交流；在排练的过程中，通过不断地练习，他们的意志力得到了锻炼；特别值得注意的是，许多高等教育机构组织的班级心理情景剧竞赛，将班级建设与心理情景剧的组织和表演紧密结合，成功地激发了全体学生的参与热情，加深了他们之间的相互理解，并提升了班级的凝聚力。

对于众多的观众而言，他们在剧中所扮演的角色中，对自己进行了深入的反思，学习了如何应对与剧中相似的挑战，并从中取得了新的认识和进步。心理剧巧妙地将心理调节的各种知识和技巧融入轻松、生动和愉悦的演出中，使学生在观赏或表演的过程中，不仅掌握了心理学的基础知识，还学会了如何解决各种心理难题。与直接针对学生的教学方法相比，这种教育模式更容易赢得学生的喜爱和接纳。

在高等教育机构使用心理情景剧进行心理素质教育的过程中，需要谨慎地平衡教育性与艺术性之间的关系。相较于专业表演，大学生情景剧更倾向于强调内容的教育意义，更多地展现大学生常有的心理矛盾，而不是单纯的表演技巧。当教师为学生提供表演技巧的指导时，这不仅可以增强学生的表演技巧，还能更有效地展示教育内容，从而获得更好的教育成果。然而，从心理素质教育的角度看，教育内容的重要性是最高的，而表演技能则排在第二位。

(四)团体辅导活动

团体辅导活动是一种以各种活动为基础，通过团队成员之间的互动交流，激励他们在互动过程中通过观察、学习和体验来认识、探讨和接纳自己，进而调整和优化与他人的关系，学习新的态度和行为模式，以更好地适应和融入生活。团体辅导活动的核心目标是将各种活动转化为实际情境，使学生在参与过程中得到深入地体验、洞察和理解，进而促进他们的心理发展。该活动的趣味性和新颖性能够吸引学生的参与，并激发他们对参与的热情。在游戏体验中，学生们逐渐摆脱了成人的逻辑思维模式，回归到了孩子们的自然状态。他们更多地依靠自己的兴趣和直觉来行动，这常常使他们进入一种无意识的状态，从而更好地理解自己内心的真实需求和心理特质，进一步深化对自己的认识。在参与各种活动时，学生不仅会观察和了解他人，还会从他们的反馈中学习到他人的积极态度和能力，以此来弥补自己的不足，并进一步完善和提高自己。

在选择活动时，应该选择高质量的，而不是过多。组织团体辅导活动的目的不仅仅是激发学生的学习兴趣，更重要的是让他们在游戏活动中得到体验，而活动结束后的分享和讨论则是活动的焦点。教师需要深入探索游戏中所包含的心理教育元素，并结合学生的实际讨论，传授相关的心理学原理，确保学生在游戏、实践和娱乐中深入理解并掌握心理学的核心理念和技巧。

(五)心理素质拓展训练

心理素质拓展训练是体验式学习的一种形式，它利用教育学、心理学、组织行为学等相关学科的研究成果，根据社会需求和学生的身心特点，设计了一种体验式培训活动方案。该方案的目的是通过模拟自然环境，让学生体验设计的活动项目，接受个人潜力激发的挑战，然后通过回顾、反思、交流和分享，加深对自我和团队合作的认识和理解，并将活动中的认知和积极体验转移到生活中。

在高等教育机构进行素质拓展训练活动时，首要任务是对大学生进行全面调查，识别他们面临的问题和对心理拓展训练的预期，接着根据这些心理需求来规划训练的主题和方案。

在专业素质拓展培训师的引领下，通过运用团体心理辅导和心理素质拓展训练技术，我们设计了各种具有挑战性和探索性的素质拓展训练课程和活动项目。这些课程和活动旨在通过体验式的培训方式，激发学生的潜能，并增强团队的凝聚力；学习如何建立相互的信任，分享彼此的感情，以及与他人的合作与和谐相处；通过学习来了解和接受自己，从而增强自己的自信心；掌握问题解决和做出正确决策的方法，并学习承担相应的责任；挖掘每个人的内在潜力，并增强团队协作的意识。通过素质拓展训练，学生可以在一个轻松愉快的环境中提升他们的心理承受能力。

在高等教育机构进行素质拓展训练的过程中，应当重视运用团体心理辅导的相关理论和手段。仅仅组织学生参与体育活动是不够的，如果将素质拓展训练与体育锻炼或娱乐活动混为一谈，那么心理素质教育的真正目标就会被削弱。

四、从教育的途径划分

从教育手段的角度分类，心理素质教育的推广活动可以被划分为实体形式的宣传教育和在线形式的宣传教育。

实体层面的宣传和教育手段涵盖了创建心理健康教育的宣传出版物等。许多高等教育机构都推出了自己的心理健康教育宣传材料或报纸，例如北京师范大学的《雪绒花》和北京航空航天大学的《心理导航》等。这类报纸和杂志大多是由学生亲自撰写的，它们的核心内容是推广心理健康的知识，介绍如何调整大学生的心理状态、大学生经常遇到的心理难题以及如何识别心理危机等。这些出版物是由学生自主创作的，其内容与大学生的心理需求紧密相连，并且以丰富的图文形式吸引了大量大学生的关注和喜爱。

网络推广活动涵盖了由学校或大学生心理团体创建的心理健康相关网站、网页、微博、QQ和手机微信平台。利用这些在线媒体，我们可以传播心理健康的知识，为学生提供一个心理交流的平台，从而帮助他们有效地管理情绪并促进心理健康的发展。伴随着现代网络技术的不断进步，网络已经成为大学生们普遍使用的工具，因此，利用网络进行心理健康的宣传和教育逐渐成为高等教育机构普遍采纳的教学方式。

第四节　大学生心理素质教育活动的实施

如何有效地开展心理素质的教育活动，是确保教育成果和提升活动品质的关键步骤。为了优化学校心理健康教育活动的执行成效，我们综合了国内学者的研究成果，并结合实际操作经验，特别关注了五个关键方面的问题。具体如下：

一、把握时机

常言道："失去机会是不可取的，因为时间不会再来。"在进行学校的心理健康教育活动时，确实存在一个寻找最佳时机的挑战。经验证明，在最合适的时间进行各种活动，能够让学生在参与过程中维持充沛的情感、浓烈的兴趣以及高度的集中力。因此，在时机尚未成熟的情况下，应当学会耐心等待；在合适的时机到来时，必须迅速抓住；当面临失去的机会时，我们应该学会巧妙地避开。唯有如此，我们才能确保心理健康教育活动的质量。所谓把握时机，主要是指把握以下五个时机：

(一)新的生活开始时

大学生的感知能力容易受到外部事物的影响。随着新生活的展开，强烈的好奇心和求知欲会被激发出来。借助这个特性，当新学期拉开帷幕，学生开始与新教师和新同学互动时，教师可以适时地组织心理健康教育活动，以协助学生更好地适应新的生活环境，并提升他们的自信心。

(二)享受成功的喜悦时

当人们遇到快乐的时刻，他们的心情会变得愉悦。当学生通过持续不断地努力获得成功，他们的情绪会变得特别高涨，自信也会大幅度提升。假如教师能够巧妙地利用这一有利时机，开展适当的心理健康教育活动，使学生在享受成功的喜悦时能够设定更高的奋斗目标，并激励他们继续为取得更好的成绩而努力，那么他们将会像被鞭策的快马一样，工作效率将大大提高。

(三)遭遇困难和失败时

大多数人在生活中都会遭遇挫折,而在这关键时刻,他们最渴望得到他人的理解与支撑。教师应抓住这一有利时机,积极开展心理健康教育活动,引导学生以正确的态度面对各种困难和失败,协助他们建立自信,并鼓励他们通过实际行动来克服这些困难,这将有助于他们克服挫折,走向成功。

(四)产生浓厚的兴趣时

当学生对特定的事物或活动表现出浓厚的兴趣,他们会被一种强烈的探索欲望所驱使,积极地、有意识地参与其中,直到最终获得成功。因此,当学生展现出强烈的学习兴趣时,教育者应当紧紧抓住这一机会,及时地组织各种活动,确保学生能够持续地保持这种兴趣,并按照有趣、乐趣和志趣的方向发展他们的兴趣。

(五)不良倾向萌芽时

由于年龄、知识和经验等多种因素的制约,大学生在辨别和自我控制方面的能力尚未完全成熟。因此,在我们的学习和日常生活中,经常可以看到一些学生犯下各种错误。在某些学生犯了错误的情况下,其他学生可能不会立即采取行动来纠正,有的学生可能会效仿,或者出于"义气"的考虑去"助纣为虐"。因此,教师需要密切关注学生的思维模式,并及时组织针对性强的教学活动,以便在问题刚开始形成时就消除这些不良倾向。

二、激发动机

当教师在适当的时机进行心理健康教育活动时,他们首先需要考虑的是如何激发学生对即将进行的活动产生真挚的兴趣和期望,以及如何点燃学生的积极参与热情?学生参与各种活动的动机是基于他们个人的学习、社交和成长需求,并且这些动机通常以兴趣的方式呈现。为了有效地引起学生积极参加活动的动机,教师可考虑运用以下方法:①设定吸引人的、鼓舞人心的奋斗目标,让学生了解活动的目的、价值,并激发他们全身心投入活动的兴趣;②生动地描绘即将进行的活动的各种有趣之处,激发学生的参与热情;③通过构建问题场景,可以将学生的活动动机从潜在的状态转变为更为活跃的状态，从而激发他们去寻找答案；④树立亲切感人的、具体实在的榜样，引起学生学习、模仿的需要；⑤通过实施兴趣转移策略，我们可以将学生对其他活动的兴趣转移到其他方面；⑥为学生创造一个积极的心理环境，激发他们参与各种活动和接受教育的欲望；⑦通过利用学生的自尊、竞争意识和对表扬的渴望，激发他们参与活动的积极性。

三、精心准备

除了需要一个出色的设计方案，我们还必须做足充分和细致的准备，这样才能实现预期的成果。预备工作涵盖了心理和物质两个方面的准备。

(一)心理准备

心理健康教育活动能否成功实施，很大程度上依赖于学生的参与度和数量。参与者的数量和深度越大，成功的概率也就越高；相对地说，活动失败的概率会更高。参与并不意味着真正地参与。参与意味着全身心地投入，而参与可能意味着“身在曹营心在汉”。因此，对于教师来说，最重要的任务是确保学生有充分的心理预期，并激发他们的参与热情。当教师引导学生为参与活动做好充分准备时，他们需要仔细观察和分析学生对活动的态度，并有针对性地激发那些持有消极观望或不满情绪的学生的参与意愿。对于那些并未被分派到具体活动中而只是旁观的学生，我们应该采取措施让他们有机会参与，例如为他们提供建议或评估某些前期准备工作；对于那些因为未能获得他们想要完成的具体活动而感到不满的学生，应该让他们深刻认识到他们所从事工作的重大意义。

(二)物质准备

物质准备的核心是确保为活动所需的物品得到及时地准备。鉴于活动所需的物质条件在设计阶段已经经过深思熟虑，并已指派学生去具体执行，因此，教师在此阶段应根据活动的重要性和实施难度进行逐一的检查和落实，包括但不限于活动的具体地点、环境布局、所需器材和所需技能技巧等方面，都应仔细询问。简言之，在活动的筹备过程中，教师需要巧妙地将自己的期望转化为每位学生对自我教育的渴望和期望。教师需要通过激发和指导，最大限度地调动和激发每一个学生参与准备工作的积极性和主动性。

四、认真实施

心理健康教育活动在经过周密的策划后，可以形容为"一切都准备好了，唯独缺少东风"。然而，"走过百里路的人只有九十人"。就像一出精彩的戏剧，不论排练有多么出色，一旦现场出现混乱，观众依然会对其失去信心，而演员也会感到失落。因此，作为"导演"，教师在具体开展活动时要做到以下五点：

(一)再次检查准备工作

再一次对准备工作进行检查的主要目标是，一旦发现存在缺陷或不足，能够立即进行相应的补救措施。需要强调的是，教师在活动开始前，如果发现有任何不完善的地方，绝对不应该责备学生。这样的行为可能会对那些充满热情准备登台的"演员"造成不良影响，进而降低"演出"的整体效果。在这种情况下，教师应当遵循"气可鼓不可泄"的原则，尽最大努力帮助和激励学生克服各种困难，以确保活动能够顺利进行。

(二)亲临活动现场指导

教师在整个活动过程中都必须亲自到场，不能因为任何原因而缺席。教师的直接参与不仅展现了他们对活动的高度重视，同时也为学生带来了鼓励。显然，教师仅能作为普通的参与者出席，他们不应插手主持人的日常工作，也不应随便更改活动的主题或流程，更不应随意插话或中断学生的讨论和发言，更不应在活动进行时发表任何评论。如果教师想要发表意见，他们必须获得主持人的同意；如果活动偏离了主题，那么只能通过主持人提出的建议来进行引导。总体来说，教师需要深刻理解自己在学生群体中所占据的独特地位，并应谨慎行事，以避免对学生心理造成负面影响，从而妨碍活动的正常进行。

(三)辅导学生主持活动

在学生开始主持活动之前，教师需要协助他们进行详尽的前期准备，并激励他们大胆地进行主持，同时学习如何在实际情况下做出反应。在教学活动中，教师需要利用他们的口头和身体语言，为主持的学生提供指导、建议和激励。然而，过多的事情可能会让主持人感到困惑，进而对整个活动的效果产生不良影响。

（四）慎重处理突发事件

虽然事前的策划是非常周到的，但偶尔还是会出现一些突发事件，例如突如其来的停电、音响系统故障、学生突然生病、主持人突然语塞或活动场所的冲突等情况。当发生突发事件时，教师应该保持冷静，避免过度反应或责怪他人。这不仅展示了教师的聪明才智，同时也为学生提供了实地的心理健康指导。总体来说，对于突发事件的处理应当是迅速和全面的，以避免产生任何后续影响，并确保相关活动能够持续进行。

（五）坚持全程有效指导

在活动过程中，教师在指导活动全程方面要做到以下四点：

①我们应该最大限度地激发学生干部和核心成员的工作热情和创新能力，将他们置于中心位置，让他们自主组织和领导，而教师仅作为他们的顾问和指导者，协助他们走向成功。②我们需要最大限度地挖掘每位学生的独特性，确保他们在参与活动时都有自己的职责和任务；每个人都有自己的角色，并为社会做出贡献。我们需要帮助学生灵活地调整活动的顺序，并确保他们能够掌握整个活动的进度。③我们需要最大限度地利用教师的引导能力，确保每位学生都能围绕活动的核心，用他们独特的语言来阐述自己的思考和感受。④我们需要细致地观察并记录所有活动的细节，这包括每一个小细节。我们需要对学生的情感、决心、爱好、兴趣和性格进行详细地记录，这样可以更好地找到教育过程中的机会。

五、总结工作

总结可以被视为一次对活动的深入回顾，它肯定了成功的方面，识别出存在的问题和不足之处，吸取过去的教训，明确了未来的努力方向，并找到了一些规律性的认识。总结的要求主要有以下两点：

(一)明确目的,端正态度

总结教育的核心目标是为了更有效地教导学生,因此,负责总结的人应当持有实事求是和认真负责的工作态度。仅当我们这样做时,我们才能基于客观和实际情况来寻找规律性的理解。

(二)语言准确、行文简明

总结作为一种实用的文体形式,其语言表达必须是精确的,不能模棱两可或模棱两可。总结时,其结构需要严谨,各个层次要分明,实例要有充分的证据,文章的表述要简洁明了。

总结撰写的格式有三个方面的要求,具体如下:

1. 标题

总结作为一种实用的文体形式,其语言表达必须是精确的,不能模棱两可。总结时,其结构需要严谨,各个层次要分明,实例要有充分的证据,文章的表述要简洁明了。

2. 正文

正文即总结的内容,一般分为下列四个部分:

①关于活动的基础信息。请简洁地描述某项活动的实施情况,强调关键点,提供相关数据,并避免空洞的话语和套话。②经验体会。这部分是总结的核心,也是整篇文章的中心内容。在撰写经验体会时,应避免笼统地表达,而应专注于主要的经验和感悟;在写作技巧上,可以选择先描述后讨论或结合叙述与议论的方式。在这里,成绩是指在各种活动中获得的物质和精神上的成就,而经验则是指实现优秀成绩所需的原因和条件。③存在的问题和教训。所谓存在的问题,是指那些在实际操作中觉得需要解决,但暂时未能或根本无法解决的难题。所谓的教训,是指由于各种因素导致的失误和失败,也就是我们所说的负面经验。④今后打算。今后打算要切实可行,指明努力方向。

3. 具名

具名在总结末后右下方,具名下面注明总结日期。

活动总结除了上述书面总结外,还有以下五种形式:

(1)评述:对活动各方面加以评论。

(2)办刊:将活动中的心得、体会、感受等形成文字,办成墙报。

(3)座谈:以小组为单位或全班座谈,谈自己的收获和体会。

(4)训练:将学到的技能训练成熟。

(5)锻炼:提出行为规范和行为准则,加以实践。

参考文献

[1]赵楠.温暖你的大学时光[M].北京:华夏出版社,2021.

[2]梁利苹,莫璐萍,齐乐.大学生班级辅导教程[M].北京:航空工业出版社,2021.

[3]刘希庆,胡佳丽.法科大学生心理素质提升[M].北京:知识产权出版社,2020.

[4]陈思杭,王中梅.高校学生工作典型经验研究和案例精编[M].北京:中国商业出版社,2021.

[5]王静.全球治理人才培养背景下的思政教育体系建设[M].北京:中国商务出版社,2021.

[6]王淑艳,于瑛琦,白璐.大学生心理健康教育与团体实训[M].北京:科学出版社,2021.

[7]耿乃国.高校辅导员工作理论与实务第2版[M].北京:北京师范大学出版社,2021.

[8]丁闽江.大学生心理健康素养提升工程系列丛书温暖你的大学时光[M].北京:华夏出版社,2022.

[9]娄建玮,朱茫茫,王晓卉,等.心理健康大学生成长攻略[M].济南:山东人民出版社,2022.

[10]姜婷,李妍,冯瑞兵.大学生社会性别教育与心理辅导[M].吉林出版集团股份有限公司,2022.

[11]冯静,吴佳,赵瑞雪.大学生心理健康实践辅导教程[M].成都:电子科技大学出版社,2020.

[12]陈鑫.新媒体环境下大学生人文素质教育研究[M].延吉:延边大学出版社,2022.

[13]王振洪，江梅芳．大学生入学导读第5版[M]．北京：高等教育出版社，2022．

[14]施钢，马喜亭，李焰．辅导员心理素质教育活动设计[M]．北京：高等教育出版社，2022．

[15]李锦云，樊励方，檀娅娅，等．大学生心理健康辅导[M]．北京：北京理工大学出版社，2020．

[16]孙洪礼．大学生朋辈心理辅导模式探索[J]．文化创新比较研究，2020(20)：10－12．

[17]陈依玲．大学生团体心理辅导探索[J]．科技风，2020(6)：198．

[18]叶琳娜，谢文澜．违纪大学生心理品质培养的团体辅导方案设计[J]．宁波教育学院学报，2021(4)：65－68．

[19]郭红雨．大学生心理健康素质教育浅议[J]．科技风，2021(10)：164－165．

[20]邹琴．浅谈民办高校辅导员大学生心理健康教育工作提升策略[J]．现代职业教育，2021(20)：18－19．

[21]张秋萍．团体心理辅导在大学生心理健康教育中的应用研究[J]．吉林农业科技学院学报，2022(1)：53－56．

[22]刘建冲．大学生职业生涯辅导对就业心理影响分析[J]．就业与保障，2021(15)：70－71．

[23]毕秀琴．运用团体辅导增强大学生心理健康教育针对性与实效性的策略探析[J]．大学，2023(1)：185－188．

[24]张锡茹，陈立．高校辅导员对大学生的心理危机干预[J]．教育信息化论坛，2021(5)：127－128．

[25]郭家钰．做好团体辅导关注大学生心理健康[J]．青春期健康，2023(15)：82－83．

[26]张朋．基于高校辅导员视角的大学生心理教育[J]．亚太教育，2020(14)：59－60．

[27]李厚仪．积极心理学视角下团体辅导对大学生心理韧性的影响[J]．教育观察，2020(13)：40－41，80．

[28]刘文静.辅导员在大学生心理健康教育过程中的作用及提升对策[J].普洱学院学报,2023(6):125－127.

[29]戴和圣.高校辅导员在大学生心理危机干预中的角色定位、压力和改进[J].教育观察,2020(17):16－20.

[30]]黎峥,赵小军.积极心理学视域下高职学生职业心理素质提升的研究[J].科学咨询,2020(7):35－36.